prologue

 늘 어른이 되는 것을 꿈꿨습니다. 자유로운 생활과 로맨틱한 인생. 영화 속에서나 흔히 볼 수 있는 세계여행 그리고 그 안에서 이루어지는 사랑 같은 것을 상상하며 자라왔습니다.

 어른이라는 모습은 늘 다정합니다. 누군가를 위해 자신을 내던지기도 하고 누군가를 위해 함께 술잔을 기울이기도 하며 누군가를 위해 모든 걸 포기하기도, 떠나기도 합니다. 하지만 어느 정도의 나이가 되어야 다정한 어른이 될 수 있는 걸까요? 저는 아직도 어른이라는 길을 찾아 헤매는 중입니다.

 열아홉의 마지막 날 자정이 되었을 때가 생각납니다. 누구에게는 새해를 알리는 종이 울렸고 또 누구에게는 성인이 되었다는 종이 울렸습니다. 열아홉을 지나온 사람이라면 아마 이 순간을 모두 기억하고 있을 겁니다.

저는 새해 종이 울리는 그 순간부터 어른이 되었다고 생각했습니다. 주민등록증을 들고 당당하게 술집에 들어갈 수 있다는 이유로, 고등학생이 아닌 대학생이 되었다는 이유로 청소년에서 어른으로 나를 탈바꿈시켰습니다.

그러나 현실은 그렇지 못했습니다. 스물이 되어서도 부모의 보살핌이 필요한 학생이었고 스물다섯이 되어서도 직장 상사의 도움이 필요한 사회초년생이었고 스물여덟이 되어서도 누군가에게 완벽한 도움을 줄 수 있는 사람이 되지 못했습니다.

아직도 어른이라는 넓은 세상 안에서 허우적거리며 제 앞가림하기 바쁜 인생을 사는 걸 보면 나이만 채운 어른일 뿐, 꿈꿔왔던 어른의 모습으로 완성되지 못했다는 걸 직감할 수 있습니다.

그럼에도 저는 여전히 어른이라는 기한 없는 꿈을 꾸고 있습니다. 누군가에게 도움을 청하고, 하소연하고, 기대고, 마음껏 울고 싶은 미숙한 어른이지만 언젠가는 꿈꾸던 어른이 될 수 있기를 소망하며 오늘을 살아갑니다. 내일이면 다정한 어른이 되어있을 나를 꿈꾸며 그렇게 오늘을 살아갑니다.

꿈을 꾸고 있기에 내일을 기대하고
기대가 있기에 오늘을 살아갑니다.
모두 다정한 어른이 되기를 꿈꾸십시오.

본디 삶의 질은
누군가의 조언이나 누군가의 위로로
바꿀 수 있는 것이 아닙니다.

다정한 어른의 모습을 꿈꾸는 당신만이
알게 될 것입니다.

살아갈 이유와 다정할 이유
그리고 행복한 삶의 모든 것을

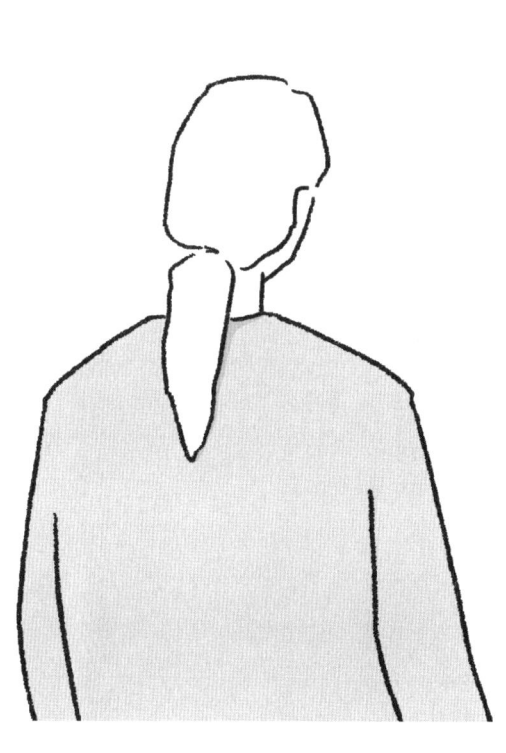

1장

어른도 가끔
울고 싶다

어른이 된다는 건 어떤 기분일까 • 14

애늙은이 • 18

격려가 필요한 건 내가 아니었을까 • 20

가난한 취미 • 23

가진 것 없이 행복을
말할 수 있는 순간이 오기를 • 27

입맛 • 31

계획보단 현실 • 34

애써 웃어 보이는 날 • 41

그 누구의 잘못도 아니야 • 43

사랑해요. 나의 보물, 나의 엄마 • 50

매일 마주하는 사람 • 53

사소한 배려 • 56

아이스크림 • 59

자취 • 63

수면 위에 드러나는 것 • 68

모든 요일의 어른 • 70

거울에 비친 모습 • 76

피곤한 하루 • 78

이해 영역 • 81

이해 영역2 • 82

상실 • 83

2장

아주 보통의
　　　나날들

단것은 많이 먹으면 안 된다 • 88

보통의 하루 • 91

익숙한 것은 늘 편안하다 • 93

보호받지 못하는 어른 • 96

서른에 가까워지면서 • 98

조급해하지 않아도 된다 • 101

멈추어 바라볼 시간 • 102

내 기준이 옳은 건 아니지만
네 기준도 옳은 건 아니라고
말하고 싶었다 • 103

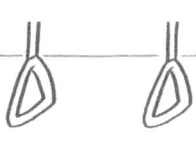

바뀌지 않는 관계 • 108

낯선 말 • 110

동경의 대상 • 112

다정한 무언가 • 116

연차 • 118

갑과 을 • 119

라디오 사연 • 122

이기적인 사람 • 124

당신은 아니길 바라 • 125

사람 마음은 참 이상해 • 127

3장

사랑을 알려준
무언가에게

사랑을 알려준 너에게 • 132
당신은 여전히 • 133
마음의 오차 • 138
사랑이 두렵다 • 142
인연 • 144
서러웠던 순간 • 146
당신은 아니길 바라 • 148
못 먹는 음식 • 149
어떻게 너였을까 • 154
다정한 연인이 되는 상상 • 155

나의 그늘 • 158

얼마나 외로운 일인지 • 160

변덕스러워서 • 162

마음이 어딘가에 기울이기 나름이라면 • 164

보통 사람 • 166

상처받은 사람을 이해한다는 것 • 168

긍정과 부정이 오가는 사이에서 • 170

시들어 바래진 꽃 • 172

좋은 말을 건넨다는 건 • 174

어쩌면 우리가
비슷한 입장이었을지도 모르겠다 • 176

제 인연인 것 같은 사람 • 178

1장

어른도 가끔 울고 싶다

누군가에게 좋지 않은 감정으로 마음을 기울이는 것도
누군가를 내내 기다리게 하는 것도 나는 원치 않으니까.
우리에겐 그런 일이 없었으면 좋겠으니까.
모든 요일의 어른이 덜 고민스러운 행복한 날을 보냈으면 좋겠어.

어른이 된다는 건 어떤 기분일까

 어려서부터 빨리 어른이 되고 싶었다. 딱히 근사한 이유가 있어서라기보다는 좀 더 많은 경험을 하고 싶어서였다. 어린아이가 어른의 행동과 말투를 보며 비슷하게 닮아가는 것처럼 어릴 적의 나도 어른의 모습을 줄곧 동경해왔다.

 그런 이유로 나는 생각보다 이른 시기에 어른이 되었다고 생각했다. 정확히 어떤 모습이 어른이고, 어떤 모습이 어른이 아닌지 확연하게 구분 짓기 어려웠지만 내 기준에선 울음을 자주 삼키면 어른이 되었다고 가정했다.

 나의 부모님이 그랬던 것처럼 사랑하는 사람 앞에선 울음을 삼키고 힘든 것을 크게 내색하지 않았다. 본디 눈에 보이지 않는 아픔은 그 무게나 센 정도를 가늠하기 어려워 늘 내색하지 않았던 부모님의 아픔을 알 턱이 없었다. 그래서 어른은 늘 강한 줄 알았고 울음을 모르는 줄 알았으며, 매일 무탈하게 지내는 줄 알았다.

내가 지금까지 봐 온 어른들은 늘 무덤덤한 모습을 하고 있었다. 그 누구보다 강하고 단단한 존재. 나는 그 존재의 모습이 좋아 하루라도 빨리 어른이 되고 싶었다. 하지만 막상 어른이 된 지금의 나는 울음을 모르는 채 사는 게 아니라 울음을 억지로 삼키며 지내고 있다. 아마 어릴 적 내가 보았던 무덤덤한 어른의 모습, 울음을 모르는 어른의 모습은 지금의 나처럼 억지로 삼켜낸 모습일지도 모르겠다.

어른들이 말했다.

"젊을 때가 좋을 때야."

"나는 내가 네 나이였으면 좋겠다."

"울고 싶을 땐 울고 떼쓰고 싶을 땐 떼쓰고."

나는 하루라도 빨리 어른이 되고 싶은데 어른들은 왜 자꾸만 젊음을 근사하게 생각하는지 늘 의문이었다.

어느덧 시간이 흘러 스물여덟 살이 되었다. 완전한 어른도 그렇다고 완전한 젊음도 아닌 지금의 나는 예전에 어른들이 내게 말했던 근사한 젊음에 대해 조금씩 깨닫고 있다.

실내화 가방을 들고 다닐 때가 좋았고 방학이 있었을 때가 좋았고 학비 걱정 없었을 때가 좋았고 출근이라는 걸 몰랐을 때가 좋았다.

모든 짐을 짊어지고서야 어른들이 말하는 젊음의 삶이 무엇인지 깨달은 것이다. 누군가로부터 치이고 또 눈치를 보고 내 이름이 적힌 서류가 점점 쌓여가고 그로 인해 책임감이 생기고 그리하여 놓을 수 없는 일들이 수도 없이 많아지고.

아마 예전의 나라면 쉽게 놓아버릴 수도 있었을 테지만 지금의 나는 이 모든 것을 쉽게 놓지 못할 것이다. 내 기분대로 내 감정대로 다 놓아버리면 결국은 가난한 생활을 해야 할 테니까.

어른이라는 말은 단순히 나이가 들어 어른이라고 표현하는 게 아니라 누군가를 책임지게 되고 그로 인해 자신의 삶을 포기할 수 없게 되었을 때 비로소 어른이라고 불리게 된다. 대개 자신의 삶에 소중한 사람이 생겼다는 것을 자각하는 순간부터 책임감이라는 걸 알게 되는데 그 순간이 바로 어른이 되는 순간인 것이다.

사실 어른이라고 해서 울면 안 된다고 정해진 건 아니지만 내가 울면 상대방은 더 슬퍼할 테고 내가 힘들면 상대방은 더욱더 아파할 테니 슬픔을 삼키는 게 당연해진다. 나도 그 사실을 알게 된 순간 어른이 되었다고 생각했다.

나의 부모님도 나처럼 어른이라는 존재를 알게 된 후부터 이렇게 쭉 참으면서 살았을 거다. 힘들다는 말을 삼키고 포기하고 싶은 순간들을 버티면서. 하지만 이런 역할이 어른의 몫이라면 좀 더 젊음의 찬란함을 좋아하고 인생을 숨 가쁘게 즐겼을 거다. 어른의 무덤덤한 모습이 좋아 내 젊음의 열정을 외면하던 그 시절을 좀 더 화려하게 보냈을 거다.

 그러나 후회하기엔 이미 늦었다. 그 좋은 시절은 이미 다 지났으니까.

 후회를 통해서 얻는 게 많다. 다시는 같은 실수를 반복하지 않기 위한 깨우침 같은 건데 젊음의 시절을 덧없이 보낸 것에 대한 나의 후회와 깨우침은 어른이 하는 말은 잘 들어야 후회가 덜하다는 거다. 지금까지 틀린 말이 하나도 없었으니까.

 '다 너 잘되라고 하는 소리야.'라는 말은 듣기 싫은 잔소리가 아니라 전부 다 진심이 담긴 말들이었으니까.

 이 따듯한 소리를

 나도 어른이 되어서야 알았다.

애늙은이

 나와 한 번쯤 대화를 거친 이들에게서 보이는 것과는 달리 애늙은이 같다는 소리를 많이 듣는 편이다. 세월에 묻은 흔적을 바탕으로 내 겉모습이 아닌 속에 담긴 모습이 어딘가 많이 낡아 있다는 뜻이겠다. 어른이 되어가는 건 구슬프고 외로워지는 일 중 하나이지만 애늙은이가 된다는 건 아직 어리숙한 면을 두고 어른인 척 애쓰는 것일지도 모른다. 나도 가끔은 강한 어른인 척 애쓰는 걸 포기하고 그냥 누군가의 품에 고개를 숙인 채 기대어 있고 싶다. 아무런 투정 없이 가만히 기대어 누군가의 따스한 온기를 온전히 느끼고 싶다.

문득 그런 생각이 들었다.
홀로서기를 위한 노력도 중요하지만
가끔은 기댈 줄 아는 사람이 되어야
더 훌륭한 어른이 될 수 있지 않을까 하는 생각.

기댈 줄 아는 어른이
누군가를 끌어안을 줄도 아는 어른이라서
나도 그런 어른이 되고 싶다고 생각했다.

격려가 필요한 건
내가 아니었을까

얼마 전 학창 시절에 꼭 붙어 다니던 친구를 만났다. 친구는 비교적 일찍 결혼해서 아이를 낳았고 그 아이는 벌써 4살이 되었다고 한다. 나는 아이가 4살이 되도록 딱 한 번 찾아간 게 전부인데 이제는 누구라고 할 것 없이 각자의 삶에서 먹고 사느라 바빠 이렇게 가끔 안부 연락을 하다 시간이 맞아야 만날 수 있는 사이가 된 것이다.

새해가 밝아오면서 친구에게 오랜만에 안부 인사를 묻다 얼굴 한 번 보면 좋겠다고 던진 말에 어렵사리 자리를 마련할 수 있었다. 몇 년 만에 만나도 어색한 기색 하나 없이 며칠 전 만난 친구처럼 서로를 바라보며 웃는 우리 모습이 학창 시절의 모습과 다를 바 없어 보였지만, 친구는 나와 대화를 하면서도 틈틈이 전화기를 들여다보았다. 혹시라도 아이가 잠에서 깨 엄마를 찾는다는 연락이 올까 봐, 아이가 이유 없이 울어서 속수무책이라는 남편의 연락이 올까 봐 전전긍긍하는 모습을 보면서 우리는 많이 달라졌구나 싶었다.

나는 그런 친구를 앞에 두고 여유롭게 대화를 나누기가 곤란해진 터라 최대한 불편한 기색 없이 대화를 끝내는 게 좋겠단 생각이 들어 서서히 대화를 줄였다. 크게 내색하지 않으려 했는데 아무래도 오고 가는 대화를 줄이다 보니 눈에 띄게 말수가 줄어들어 친구도 그 침묵을 느낀 듯했다. 그러다 아차 싶었는지 허둥지둥하다 조심스레 아이에 대해 말을 꺼냈다.

"아이가 아직 어려서 어려운 게 한둘이 아니야."

나는 아직 육아에 대해 아는 게 없어 그 이야기에 큰 공감을 해줄 수 없었지만 거칠게 내려앉은 친구의 눈가를 보며 육아가 얼마나 힘든 일인지 어느 정도 가늠은 할 수 있었다.

각자의 세상에서 각자의 역할대로 살아가는 일은 순리대로 돌아가는 것 같으면서도 누군가에겐 부러움을 사는 일이고 누군가에겐 안쓰러움을 주는 일이다. 친구는 육아가 힘들다는 이야기를 시작으로 그래도 행복하다는 말로 끝냈고 나는 새로 시작한 일이 힘들다는 이야기를 시작으로 그래도 괜찮아지길 기다리고 있다는 말로 끝냈다. 그렇게 대화를 끝마치니 우리가 정말 다른 세상을 살고 있긴 하다며 서로 너무 다른 이야기만 했다는 사실에 멋쩍은 미소를 짓길 반복했다.

나는 자리를 마무리하기 전에 친구에게 고생하고 있다고 안아주며 격려의 말을 전했다. 내가 육아에 대해 뭘 알겠냐마는 적어도 너라는 사람은 잘 알지 않냐며 너의 새로운 모습들이 그저 놀랍고 자랑스럽다고 말했다. 그렇게 몇 번의 격려를 건네고 다음에 다시 만날 날을 기약하며 자리를 끝냈다.

친구와 헤어지고 집으로 돌아가는 길이 유난히 어둡게 느껴졌다. 친구가 힘들 거라는 생각에 안쓰러우면서도 나와 헤어지고 집으로 돌아가면 자신이 사랑하는 사람을 쏙 빼닮은 아이가 돌아온 친구를 향해 환하게 웃어줄 상상에 부러운 마음이 들었다.

터덜터덜 길을 걷다가 이내 한숨이 푹 쉬어졌다.

'어쩌면 격려가 필요했던 건 친구가 아니라 내가 아니었을까.'

나는 한참 그 자리에 서서 생각했다.

난 얼마나 행복하게 살고 있는가.

가난한 취미

 눈부신 햇살 아래에 앉아 있는 걸 좋아한다. 바람이 잘 부는 곳에 멍하니 있는 걸 좋아한다. 파도가 내게 밀려오는 순간을 좋아한다. 낚시터에 가는 걸 좋아한다. 나는 언제부터인가 이 모든 걸 좋아하게 되었다.

 나도 한 번쯤은 누군가처럼 사치스러운 여행을 가고 싶고 누군가처럼 호텔에서 호화로운 아침 식사도 하고 싶고 누군가처럼 풀 빌라에서 수영을 해보고 싶다. 나도 그런 생각을 한다. 가만히 앉아 무언가를 바라보는 것이 아닌 돈을 들여 나를 한껏 과시해보고 싶다는 그런 생각. 아마 내 주변 사람들은 내가 즐기는 취미들이 내가 정말 좋아해서 하는 줄 알고 있을 거다. 사실 난 가진 게 하나도 없어서 돈을 들이지 않고 나를 행복하게 만들 수 있는 나름의 취미를 만든 것뿐인데.

나는 정말이지 가진 게 하나도 없는 사람이다. 대학 4년을 꼬박 다녔지만 전공이 나와 맞질 않아 일찌감치 취업을 포기했다. 아빠는 그런 나를 보며 속상해했겠지만 죄송스럽게도 나는 아빠의 속상함보다 내게 남은 학자금 대출이 더 신경 쓰였다. 전공을 포기하고 스물네 살 때부터 평범한 회사에 다니기 시작했다. 무엇 하나 제대로 배운 것 없고 경험도 탄탄하지 못한 그야말로 사회초년생이었던 나는 회사가 높은 산을 오르는 것처럼 느껴졌다. 그러니까 오르면 오를수록 힘이 들고 쉬어가고 싶은 곳. 하지만 다른 사람들은 쉬지 않고 계속해서 오르기만 했다. 그래서 나도 어쩔 수 없이 계속해서 따라 올라가기만 했다. 쉴 틈도 없이.

학생 때는 모르는 것을 배우는 게 즐거웠다. 누구도 틀린 것에 대해 지적하지 않았으니까. 점수라는 건 내 인생을 좌지우지할 뿐, 그 누구에게도 피해를 주는 게 아니었으니까. 하지만 회사에서의 배움은 달랐다. 즐거움보다는 눈치를 더 많이 봤고 틀리거나 실수할 때마다 크게 혼이 났다. 나는 그럴 때마다 울고 싶고 멀리 도망치고 싶었다. 그러나 사회라는 곳은 여태껏 내가 살아온 곳과는 온도가 아예 다른 곳이다. 내가 울음을 터뜨려도 위로해주지 않는. 내가 도망을 쳐도 붙잡으며 날 달래주지 않는 곳이다. 모든 선택이 전부 나의 몫인,

차갑고 숨 막히는 그런 곳이다. 나는 그 숨 막히는 산행 길을 이 악물고 올랐다. 중간에 포기하고 내려가도 나를 이끌어 줄 사람은 없을 테니까 오롯이 나를 위해 견디고 또 견뎠다. 그렇게 쉬지 않고 오르다 보니 지나지 않을 것 같았던 시간이 지나 어느새 5년이라는 세월이 흘렀다. 정말 지독했던 시간.

아빠는 늘 내게 이런 말을 했다.

"월급 받으면 다 쓰지 말고 무조건 꼬박꼬박 저축해."

솔직히 아빠의 말은 들리지도 않았다. 내가 힘들게 번 돈인 만큼 나를 위해 쓰고 싶었기 때문에. 친구들을 만나서 쇼핑도 하고 싶었고 술도 마시고 싶었고 여행도 가고 싶었다. 그래서 별 쓰잘머리 없는 곳에 많은 소비를 했다. 정말 남는 게 하나도 없는 곳에 말이다.

덕분에 내 통장 잔고는 텅텅 비어있다. 5년이라는 나의 고된 세월이 몽땅 사라진 기분. 이 기분은 어디 가서 말하기도 쪽팔릴 정도다. 어릴 때야 돈을 모아도 당장 어디에 쓸지 생각하지 않으니 있어도 그만 없어도 그만이지만 서른이 되어가는 현재로서는 돈이 없으면 결혼도 생각할 수 없고 부모님 병원비도 내줄 수 없다. 서른은 그렇다. 누군가로부터 보호받을 수 있는 나이가 아닌 누군가를 보호해야 할 나이, 인생을 책임지고 살아야 할 나이.

나는 늦게나마 돈을 모으기 시작했다. 더 늦어지면 늦어질수록 결혼 시기가 미뤄질 테고 돈 한 푼 없는 나 때문에 혹시라도 아빠가 큰 병에 걸리게 되었을 때 내게 손을 내밀지 않을까 봐 너무 두려웠던 것이다. 내가 그 후회를 감당할 자신도 없는 나약한 사람이기도 하고.

사치스러운 여행도 호화로운 아침 식사도 풀 빌라에서의 수영도 그저 상상할 수 있는 것으로 만족하기로 했다. 이미 난 돈 한 푼 들이지 않고도 충분히 만족스러운 삶을 살아가고 있으니까.

지금보다 더 나은 사치스러운 삶은 나에게 있어서 스물에 철없던 시절 돈처럼 있어도 그만 없어도 그만인 셈이다.

가진 것 없이
행복을 말할 수 있는
순간이 오기를

　예전에는 누군가를 좋아하기 시작할 때 무작정 내가 가진 모든 매력을 다 보여주기 바빴다. 내가 느끼는 매력의 기준이 상대방과 다를 수 있다는 의심조차 하지 못 한 채 일방적인 기준으로 들이밀곤 했다. 그런 관계에서 잘 된 사람도 있었지만 어긋나는 관계가 훨씬 더 많았다. 나는 그럴 때마다 생각했다.

　'내가 얼마나 더 해야 상대방이 만족할 수 있을까?'

　문제는 상대방이 아니라 나 자신이라는 것도 모른 채 20대의 절반을 날린 것이다. 20대 후반이 되니 더는 누군가에게 잘 보이기 위해 노력하고 싶지 않았다. 절반을 날리면서까지 노력해도 안 된다는 걸 알았을 때 곧이어 내 생각이 잘못됐다는 사실도 깨달았기 때문이다. 가진 전부를 내어준다고 해서 상대방이 그 모든 것을 받고 기뻐하는 게 아니었다.

보여주지 않아도 서로가 느낄 수 있고 소통할 수 있는 일이 더 많고 때로는 가진 게 없어도 나눌 수 있는 기쁨이 더 크다는 걸 깨달았다. 나는 서른이 다 되어서야 그런 사람을 만났다. 내가 가진 매력이나 어떠한 능력을 과시하기보다는 내가 가진 게 없어도 웃고 떠들고 행복할 수 있다는 걸 알려준 사람을 만나니 이제는 무언가를 가지기 위해 애쓰지 않고도 충분히 행복을 누릴 수 있다는 걸 알게 되었다.

항상 부족한 것을 채우지 못할 때마다 울었던 기억을 바꿔준 사람이다.

나는 그동안 나의 노력을 모면한 사람을 미워한 것에 대해 반성했다. 어쩌면 그들에게 필요했던 건 이런 소소한 행복이 아니었을까 생각하니 다가가는 방법이 미숙했던 나의 행동이 부끄러워졌다. 서른이 다 돼서야 깨닫는 이 성숙이 어딘가 아주 앳되고 어설프지만, 이제는 그 어설픔을 노련하게 만들어 주는 사람을 만났으니 망연자실할 일도 눈물 흘릴 일도 줄어든 셈이다.

사람이 무언가를 깨닫는 데에는 적당한 시기가 없다.

아주 어린 나이에도 금방 철이 드는 사람이 있는가 하는 반면에 나이가 들어서도 철없이 구는 사람이 있고 사랑을 빨리 깨닫는 사람이 있는가 하는 반면에 사랑에 늘 서툰 사람이 있다. 또 화해의 방법을 모르는 사람이 있는 반면에 화해의 방법에 능숙한 사람이 있다.

만일 '나는 왜 이 나이가 되도록 달라지지 않을까?'와 같은 의문을 가지고 있다면 그건 스스로 조금씩 성숙해지고 있다는 증거일 거다. 좌절과 우울 그리고 생각과 의문을 가지고 있다면 조금씩 나아가고 있다는 것이다.

아픔을 겪어본 사람은 비슷한 아픔을 다시 겪게 되었을 때 견뎌내는 방법을 알고 있고 상처가 생겨본 사람은 비슷한 상처가 다시 생기면 덜 아프게 견뎌내는 방법을 알고 있다. 많은 사람을 경험하고 또 많은 아픔을 받다 보면 자연스레 빨리 이겨내는 방법을 알게 된다.

지금까지 내가 살아온 방식이 어쩌면 틀릴 수도 있다는 것을 인정하는 순간이 온다.

바라건대, 그대에게도 가진 것 없이 행복을 말할 수 있는 순간이 반드시 오기를 빌어본다.

나의 가려진 마음을 어떻게든 보기 위해 애써주는 그런 사람을 만나고 싶습니다. 그러다 보면 나도 자연스레 마음을 가리지 않고 보여주기 위해 애쓸 테니까요. 더는 누군가의 마음을 움직이기 위해 발버둥 치고 싶지 않습니다. 이제는 나도 내 마음을 움직여주는 다정한 사람을 만나고 싶어요.

입맛

 살다 보면 나와 잘 맞는 사람을 만나기도 하고 나와 잘 맞지 않는 사람을 만나기도 한다. 나와 잘 맞는 사람은 대개 성격이 유하고 친절한 편이고 나와 잘 맞지 않은 사람은 성격이 모질고 까칠한 편이다. 아마 대부분의 사람들이 나와 비슷할 거다. 모질고 까칠한 사람과는 몇 마디 대화만 나누어도 힘이 쭉 빠지고 마음이 어수선해진다. 그래서 그런 사람은 내게 있어 가급적 피하고 싶은 대상이다.

 나는 근래 까칠한 사람을 자주 만났다. 친분이 있는 사이는 아니지만, 업무적으로 자주 마주치는 사람이다. 직업 특성상 일이 틀어지면 예민해지고 자신도 모르는 사이 까칠해질 수밖에 없다는 걸 알고 있지만 그런 사람과 대화를 나누고 나면 많은 생각에 잠기게 된다.

'조금만 더 친절하게 얘기할 순 없을까?'

'조금만 더 유도리 있게 풀어낼 순 없을까?'

하는 생각들. 하지만 이런 생각은 어디까지나 내 본성에서 나오는 것이지 이게 꼭 옳다는 것은 아니다. 그렇게 생각하고 보면 그 사람들도 자신이 가진 본성에 충실했을 뿐인데, 역시 서로가 맞지 않는 것은 어쩔 수 없는 일이다.

자신이 생각하는 게 누군가를 대하는 최선의 배려일 수 있고 최선의 이해일 수도 있지만 사람의 입장차이는 각자의 본성에서 나오기 때문에 상대방을 이해하고 배려했다고 해서 전부를 헤아렸다고 생각해선 안 된다.

서로 맞지 않는다는 이유로 미움을 받는 입장이 되면 굉장히 속상하지만 한편으론 어쩔 수 없는 일이기도 하다. 우리는 본성에 충실하니까. 곁에 있으면 인상을 찌푸리게 되는 사람과는 굳이 같이 있고 싶지 않으니까. 정말 마주치고 싶지 않아도 마주쳐야 한다면 서로가 완전히 다른 삶을 살았고 또 다른 본성을 가졌고 다른 생각을 하면서 살고 있다고 생각하면 되레 마음 편해진다.

그러다 보면 굳이 그 사람을 신경 쓰지 않아도 된다고 안심할 수 있게 된다.

누구에게나 자신의 입맛이 있다.
나 역시 좋아하는 것과 싫어하는 것이 분명하듯
누군가도 그럴 것이다. 우리는 누군가에게 자신이
좋아하고 싫어하는 것을 강요하거나 요구해서는 안 된다.
나도 내가 싫어하는 걸 강요받는 건 싫으니까.

계획보단 현실

너저분한 생각으로 가득 차 있을 늦은 시간에 회사에서 야근을 한다. 시즌 때는 평균 퇴근 시간이 자정을 넘기기 직전인데 조금 더 일찍 귀가하려면 다 같이 빠르게 일을 처리해야 가능하다. 오늘은 아슬아슬하게 자정을 넘기지 않고 집에 들어올 수 있었다. 피곤한 몸을 겨우내 이끌고 집으로 돌아오니 며칠 내내 야근하느라 하지 못한 집안일이 잔뜩 쌓여있다. 주섬주섬 널브러진 옷가지를 주워 담고 아슬아슬하게 쌓여있는 그릇을 닦아 내다보니 벌써 잠자리에 들 시간이 훌쩍 지나있었다. 마음이 영 불편했다. 읽고 싶었던 책은 갈 곳을 잃은 채 침대 위에 그대로 덩그러니 올려져 있고 따놓고 마시지 못한 와인은 점점 제 맛을 잃어가고 있었다. 이토록 시간이 중요하게 느껴질 때가 있었던가. 불과 한 달 전까지만 해도 백수였던 내가 시간을 초조해하고 정해진 시간 내에 해야 할 일들을 해내면서 보낸 적이 있었던가 생각하게 된다.

이전 직장을 그만두면서 백수 생활을 화려하게 보낼 생각으로 이런저런 계획을 짰다. 국내 여행을 시작으로 해외여행까지 완벽하게 계획하고 쉬는 동안 쓰지 못했던 글도 마음껏 쓰자 다짐했다. 그렇게 백수가 되고 나는 나름대로 자유를 만끽했다. 온종일 낚시를 하기도 했고 혼자 아랫지방에 내려가 며칠을 떠돌기도 했다. 하지만 내가 상상해왔던 것만큼 즐겁거나 낭만적이진 않았다. 혼자라는 이유로 약간 지루했고 내심 일하던 때가 그리웠기 때문이다.

조금씩 시간이 흐르고 나니 무언가를 하는 게 점점 귀찮고 성가시다. 그냥 가만히 침대에 누워 해가 뜨거워질 때까지 잠을 자고 싶었고 배가 고프면 대충 끼니를 때우고 다시 자고 싶었다. 고교 시절 방학이라는 휴식 이후 처음 경험하는 휴식이 이토록 허무하게 지나가고 있다는 걸 의식하고 있으면서도 될 대로 되라는 식이었다. 덕분에 미친 듯이 잠만 잤다.

두어 달 백수 생활을 하다 보니 생활을 이어갈 자금이 고갈되기 시작했다. 딱히 큰 지출이 있을 법한 일을 하지 않았는데도 돈이라는 게 있으면 자잘하게 금방 사라지고 없다. 원래 계획대로라면 퇴직금으로 네다섯 달은 푹 쉬고 그 이후부터 일을 구해볼 생각이었는데 당장 이대로라면 자동차 대출금도 못 내게 생겼다. 나는 어쩔 수 없이 다시 일자리를 찾아야 했다. 다행히 이전 직장에서 배운 일이 마땅한 경력이 돼서 지원할 회사는 많았다. 다만 아쉬운 게 있다면 연말이라 퇴사하는 사람이 적어 괜찮은 회사는 자리가 영 없었다는 것이다. 원래 성격대로였다면 공고가 올라오길 기다렸다 지원해 볼 테지만 지금은 그런 걸 따질 여유가 없었다. 뒤늦은 후회가 밀려왔다. 아빠 말대로 돈 좀 아껴 썼으면 이렇게 허둥대며 일자리를 구하지 않아도 됐을 텐데. 그간 무책임하게 허비한 시간과 돈이 썩 아까워 속이 뒤틀리는 것 같았다.

다행스럽게도 지원하는 곳마다 연락이 와서 면접에 임할 수 있었다. 적게는 하루에 한 곳 많게는 하루에 두 곳 면접을 보면서 연봉이나 근무 시간이 나와 가장 적합한 곳을 찾기 시작했다. 하지만 현실은 내가 생각했던 것만큼 관대하지 않았다. 아무리 내가 대졸에 경력 3년이라는 스펙을 가지고 있다고 한들, 회사에선 그 오랜 시간의 노력과 가치를 연봉에 합산해주지 않았다. 기가 차고 어이가 없었지만, 현실은 현실이다.

집에 돌아와 잠시 눈을 붙이고 일어나니 몇 통의 부

재 전화가 와있다. 아마 합격 통보이거나 불합격 통보겠지 싶었다. 다시 전화를 걸고 싶지 않았는데 다행히 문자가 같이 와있었다.

'다음 주 월요일부터 출근하시면 됩니다'

나는 결국 출근을 거절했다. 내가 말한 연봉보다 적게 책정됐기 때문이다. 아무리 현실이 이렇다지만 쉽게 용납되지 않았다. 그래서 시간이 조금 더 걸리더라도 나중을 위해 더 나은 곳을 찾아보기로 결심했다.

그 후로부터 며칠 후. 이전 직장에서 함께 일하던 과장님에게 연락이 왔다. 과장님은 나보다 1년 먼저 퇴사를 했고 이후 좋은 직장으로 이직했다는 소문을 건너 듣긴 했는데 그게 사실인지는 모른다. 과장님과 같은 회사에 다닐 때 자주 마주치진 않았지만 살뜰하게 주위 사람들을 챙겨주는 넉살 좋은 사람이라는 것은 알고 있었기 때문에 과장님이 퇴사하기 전에 뭐라도 하나 선물하고 싶은 마음이 들었다. 그러나 회사가 워낙 시골에 있어 좋은 선물은 살 수 없었고 근처에 있는 편의점에 들러 과자 몇 봉 사는 게 최선이었다. 이럴 때 주고도 욕먹는다는 말을 들으려나 싶었지만, 마지막이라는 게 그저 아쉬우니 이렇게라도 인사를 전하기로 했다. 책상에 과자 몇 봉과 메모 한 장을 붙여 놓았다. 그동안 감사했다고.

어쨌든 그 과장님이 1년 만에 연락을 해왔다. 연말

이 다가온 탓에 이곳저곳에서 많은 연락이 왔는데 과장님 역시 한해 마무리를 하기 전 주위 사람들에게 안부 인사를 묻는 시간을 가진 듯 보였다. 잘 지내냐는 말과 함께 다음 책은 언제 나오냐는 소소한 안부였다. 나는 백수라서 잘 지내고 있다고 말하고 싶지 않았지만, 형식적인 인사치레로 그냥 잘 지내고 있다고 답했다.

1년 치 묵은 안부를 나눴으니 다시 특별한 날이 오지 않는 이상 연락 올 일이 없을 거라고 생각했는데 다음 날 과장님에게서 다시 연락이 왔다. 과장님이 다니고 있는 회사에서 사람을 뽑는다는 연락이었다. 하필이면 사람을 구하는 부서가 내가 해왔던 일이고 또 하필이면 내가 백수라는 것이다. 벼랑 끝에 있어도 죽으라는 법은 없나 보다. 나는 흔쾌히 면접에 응했고 지금은 과장님과 같은 회사에 다니고 있다. 그 덕분에 과장님은 전 직장 선임에서 벼랑 끝에 있는 나를 구해 준 생명의 은인이 됐다.

입사하고 며칠 후 연말 회식이 있었다. 같은 회사를 몇 년 다녔어도 함께 술자리 한 번 가져본 적 없던 과장님과 처음으로 술자리에 나란히 앉게 되었다. 편한 자리가 아니었기에 말은 최대한 아끼고 싶었지만, 오늘만은 술기운을 빌려 궁금했던 것을 물어보기로 했다.

"과장님, 회사에서 사람 구한다고 했을 때 왜 저한테 연락하셨어요?"

"별 건 아니고 수정 씨가 나 퇴사할 때 과자랑 메모 남겨놨었잖아요? 그게 내내 생각이 났어요. 고마웠거든요."

어쩌면 우리가 베푸는 작은 친절과 작은 배려는 누군가의 기억 속에 머물러 있다가 이내 꽃처럼 아름답게 피어나는 추억이 되지 않을까. 우연히 이름만 보게 되어도 기분 좋은 향기가 나는 것 같은 기분이 드는 그런 추억 말이야.

애써 웃어 보이는 날

　원고 마감을 코앞에 두고 자주 이탈을 합니다. 글을 쓰려는 마음보다 누군가를 만나 대화하고 싶은 마음이 더 크거든요. 요즘은 코로나바이러스로 인해 난리인 터라 밖을 나서는 게 위험해 영 꺼려지면서도 조심스레 무장하고 나갑니다. 가만히 앉아서 창밖을 바라보다가 헛헛한 마음에 이내 쓰라리다가 아무것도 못 하는 자신을 자책하다가 쓸쓸히 집으로 돌아옵니다.

　아빠는 그런 저를 보며 원고 마감까지 얼마 남지 않았다면서 어딜 그렇게 쏘다니냐고 야단을 칩니다. 차마 말하지 못할 말들이 가슴 깊은 곳에 박혀있었지만 아프고 쓸쓸한 것을 다 내보이지 못하는 상대가 있다면 그건 바로 가족일 겁니다. 그래서 애써 웃어 보이며 대답했습니다.

"바람도 좀 쐬고, 친구도 좀 만나고 했어."

여유 부리는 내 모습을 보면서 다들 태평하게 산다고 생각할지도 모릅니다. 하지만 누구에게나 그런 아픔이 있습니다. 차마 말할 수 없는 비밀 같은 것이 자리하고 있지요. 종일 밖을 쏘다니면서 많은 생각에 잠겼습니다. 내가 무엇을 할 수 있는지. 앞으로 무엇을 하며 살아야 하는지. 이토록 무거운 생각을 하는 사람에게 태평하다고 말하는 사람들을 보면 참 섭섭한 마음이 듭니다. 보이는 게 전부가 아닐 때도 있는데 말이지요.

그 누구의 잘못도 아니야

 엄마가 세상을 떠난 지 벌써 13년이 지났다. 내가 중학교 2학년 때, 남동생이 초등학교 1학년 때였다. 그때 당시에는 스마트폰이라는 게 없어 지금처럼 선명한 사진을 담아낼 수 있는 카메라가 많지 않았다. 사실 이제 와서 후회한다고 해도 달라지는 건 없지만, 만일 그때로 돌아갈 수 있다면 엄마의 모습을 많이 담고 싶다는 꿈을 꾼다.

 가끔 엄마 생각이 난다. 얼굴도 목소리도 뚜렷하게 기억나는 건 없지만 엄마가 좋아했던 노래, 엄마가 좋아했던 꽃, 엄마가 좋아했던 음식은 기억이 난다. 마치 영화 제목은 기억이 안 나는데 영화 속에서 인상 깊게 봤던 장면은 기억하는 것처럼 알맹이만 가슴에 품고 살아가는 기분이다. 엄마를 오래 기억하고 싶었지만, 인터넷에 검색해서 찾을 수 있는 것도 아니고 녹음된 파일이 있는 것도 아니고. 나는 아무것도 할 수 없어 그저 기억으로만 엄마라는 존재를 간직하는 게 전부였다.

아빠랑 나는 심하게 다투는 편은 아니지만 가벼운 말다툼은 꽤 잦다. 엄마가 없으니 집안 살림이나 장을 보는 기본적인 일은 전부 내 몫이다. 오래도록 서로의 영역에서 잘 맡아가며 살아왔지만, 가끔은 영역에서 벗어날 때가 있다.

"왜 나만 이토록 힘들어야 할까. 왜 나만 이토록 불행해야 할까."

나는 영역에서 벗어날 때마다 괜히 아빠한테 화풀이했다. 하지 말아야 할 말과 하지 말아야 할 행동을 하고 나면 아빠도 꾹 참았던 화를 내고야 말았다.

나는 아빠랑 다투고 서러운 마음이 들 때 제일 먼저 엄마 생각이 났다. '만일 엄마가 있었더라면 우리가 좀 더 화목하지 않았을까? 우리가 지금처럼 서로의 영역에 대해 힘들어하면서 살고 있을까?'와 같은 헛된 상상에 기대곤 했다.

아빠와 한참 실랑이를 하고 집 밖으로 나왔다. 너무 화가 나서 뒤도 안 돌아보고 나오긴 했는데 마땅히 갈 곳도 없고 그렇다고 연락해서 속 시원히 털어놓을 친구도 없었다. 이렇게 속 시원히 울고 싶을 때 기대어 울 친구도 없다니. 망연자실했다. 나는 갈 곳이 없다는 사실에 집 앞 주차장에 쭈그려 앉아 엉엉 울었다. 항상 누군가의 시선에 눈치 보며 살기 바빴던 나지만 지금, 이 순간만은 누가 보든 말든 상관없다는 듯 그냥 엉엉 울었다.

사람은 슬프면 눈물을 흘려야 한다. 가슴에 화가 남으면 나도 모르는 사이 누군가에게 예민하게 반응하게 되는 것처럼 슬픔도 그렇다. 남겨두면 계속해서 자신을 가두어 두고 탓하게 된다. 온갖 슬픔을 끌어안고 자신이 세상에서 가장 불행한 사람이라 생각하며 곧 우울함에 빠진다. 다행인지 모르겠지만 나는 슬프면 곧잘 운다. 눈이 퉁퉁 부을 때까지 울고 속이 시원할 때까지 운다. 그렇게 펑펑 울고 나면 마음이 한결 낫다. 울음을 그치고 몸을 일으켜 세웠다. 얼마나 쭈그려 앉아 있었는지 저린 발이 시계를 대신해 알려주었다.

집으로 돌아오니 아빠는 아직도 화가 나 있었다. 티브이를 보고 있지만 무표정한 얼굴을 하고 있다는 건 아직 화가 덜 풀렸다는 뜻이다. 하지만 나도 더는 말하고 싶지 않아 냉큼 방으로 들어왔다. 사실 들어와서 아빠한테 화내서 미안하다는 말을 먼저 건네려고 했는데 무표정한 아빠를 볼 때면 말을 꺼내기가 어렵다. 다시 다툴 것 같아서.

푹신한 침대에 누웠는데 아스팔트 바닥에 드러누운 기분이었다. 불편하고 아픈 기분. 어쩌면 아빠도 나와 같은 기분일까. 무언가를 보고 있어도 보고 있는 것 같지 않은 그런 기분일까. 생각하다 보니 내가 잘한 게 하나도 없는데 혼자 화풀이하고 혼자 뚱해 있었구나 싶어 미안한 마음에 거실로 향했다. 방으로 홀라당 들어가던 내가 다시 나오니 아빠가 슬쩍 나를 본다.

　나만큼이나 엄마가 그립고 나만큼이나 엄마가 필요할 아빠의 모습을 보니 내 입장만 생각하며 화를 낸 게 문득 미안해졌다. 혼자 거실에 앉아 티브이를 보는 시간이 전부인 아빠에겐 그 시간마저도 외로울 거다. 아마 나의 거침없는 말과 행동은 내가 느꼈을 아픔보다 배로 아프게 느껴졌을 거다. 나는 고민할 것 없이 아빠에게 먼저 다가가기로 하고 냉동실에 있는 아이스크림을 꺼내 아빠에게 건넸다.

　"아이스크림 줄까?"

　아빠는 말없이 아이스크림을 건네받더니 그제야 굳게 닫혀있던 입을 뗐다.

　"불도 꺼줘."

　아빠랑 나는 이렇게 화해했다. 사실 이 상황에서 서로 미안하다는 말은 오고 가지 않았지만, 나는 아빠랑 화해했음을 짐작할 수 있었다.

아빠와 나는 늘 표현이 서툴렀다. 사과하는 방법은 알지만, 입 밖으로 꺼내는 건 늘 부끄럽고 쑥스러운 일이었다. 그냥 "미안해", "잘못했어" 이 한마디면 모든 게 끝나는데 그게 뭐라고 입에 접착제를 붙여놓은 것처럼 떨어지질 않는 건지 모르겠다. 그래서 아빠와 나는 이렇게라도 말을 걸어 서로의 화를 풀어준다. 항상 마음속엔 미안하다는 말이 넘쳐났지만 미안하다는 말을 입 밖으로 꺼내려고만 하면 모든 감각이 굳어버리는 것 같았다.

  서툰 만큼 아빠를 많이 생각한다. 그래서 아빠에게 늘 미안한 마음만 든다. 엄마가 우리 곁을 떠난 게 사실 그 누구의 잘못도 아닌데 난 항상 아빠를 미워하고 탓했다. 그렇게 내가 아빠를 미워하고 탓하던 그 순간에 아마 아빠는 텅 빈 가슴을 치며 속상해하고 아파했겠지.

만일 내가 아빠와 같은 입장이었다면
나도 아빠처럼 해낼 수 있었을까.

아니
아무리 생각해도
난 견디지 못했을 것 같아.

아무리 생각해도 모르겠어.
내가 아빠를 탓하며 대들 때
아빠는 어떤 기분이었을까.

많이 아팠을까.
많이 슬펐을까.
나는 아직도
그 기분을 모르겠어.

정말이지,
어른이 된다는 건 어떤 기분일까.

사랑해요.
나의 보물, 나의 엄마

 당신은 내가 덤벙거릴 때마다 조심하라며 손을 잡아준 사람, 당신은 내가 아플 때마다 밤새 나의 곁에서 이마를 짚어준 다정한 사람, 당신은 옷이 낡아도 아직 오래 입을 수 있다고 말해도 내 옷은 계절이 바뀔 때마다 사서 입혀주던 사람, 당신은 내가 본 사람 중 가장 해맑지만 나를 볼 땐 늘 근심으로 바라보던 사람, 당신은 좋은 걸 손에 얻으면 제일 먼저 내게 쥐어주던 사람, 당신은 이 세상 그 어떤 보물보다 내가 더 빛난다던 사람, 당신은 나를 위해 모든 걸 포기하고 오직 나만 생각하며 살았던 사람, 당신은 몸이 아픈 줄도 모르고 밤마다 내 교복을 다려주던 사람, 당신은 온몸에 암

세포가 퍼져 아무것도 삼킬 수 없으면서 내가 어린 마음에 사 갔던 결혼기념일 아이스크림 케이크는 세상에서 가장 행복한 모습으로 먹었던 사람, 당신은 내가 돌아간 후에 병실에서 새벽 내내 토한 미련한 사람, 당신은 그로부터 며칠 후 사랑한다는 메시지를 남기고 떠난 내가 가장 사랑했던 사람, 당신은 떠나기 전 남은 힘을 다해 손편지를 쓴 사람, 당신은 당신이 없는 세상에 남겨질 나를 상상하며 몇 번이고 살고 싶다 기도한 사람, 당신은 지금껏 내가 본 사람 중 가장 다정하고 가장 아름다운 사람.

나는 당신 없는 이 세상에서 당신이 내게 주고 간 다정한 기억을 가지고 잘 살아가고 있습니다. 그러니 이제 걱정하지 마세요. 꿈에서 나를 만나면 슬픈 표정 짓지 마세요.
그냥 날 꽉 안아주세요. 잘 커 줘서 고맙다고.

매일 마주하는 사람

　20대 후반이 되면서 결혼식에 가는 횟수가 부쩍 늘었다. 20대 초반에는 결혼식에 가면 있는 힘껏 축하해 주고 오는 게 전부였는데 20대 후반이 되니 주책맞게 눈물이 왕창 쏟아져 나온다. 지난날에는 보이지 않던 축 처진 부모님의 뒷모습이나, 신랑 신부가 양가 부모님 앞에 서서 '그동안 키워주셔서 감사합니다.'하고 인사를 올리는 모습이 내 머나먼 미래의 모습을 보는 것 같아 괜히 눈물이 나왔다. 신랑 신부의 인사에 양가 부모님이 힘겹게 의자를 짚고 일어났다. 자녀들을 안아주며 귓가에 무어라 속삭인다.

　'그동안 무탈하게 잘 커 줘서 고맙다'

　신부는 부모의 속삭임에 그 자리에서 눈물을 흘린다.

언젠가 나도 결혼을 하게 되면 저 자리에서 내 등을 토닥일 아빠를 보며 울고 있겠지. 나는 그 언젠가가 머지않아 올 거라는 생각에 자꾸만 눈물이 났다.

지금까지 단 한 번도 아빠와 떨어져 살게 된다고 생각해본 적이 없다. 28년을 아빠와 함께 살았고 매일 같이 대화를 나누고 밥을 먹었던 나의 아빠. 이토록 소중한 사람과 떨어져 지내야 한다는 건 상상 이상으로 버거운 일이다. 하지만 다들 그렇게 부모의 곁을 떠나 새로운 삶을 시작한다.

앞으로 아빠와 함께 지낼 수 있는 날이 얼마나 남았을까 생각했다. 그 많은 생각 중에서도 한 가지 분명한 건 지금껏 지내온 시간만큼 긴 시간은 아닐 거라는 확신이 나를 더 울게 만든다.

이렇게 함께 마주하며 보내는 하루하루가 그 무엇과도
바꿀 수 없는 소중한 하루가 되고 언젠가는 그리움에
사무칠 추억이 되겠지.
소중한 순간은 늘 추억이 된다.

사소한 배려

어제는 퇴근하고 여느 때와 다를 것 없이 자연스레 차 시동을 거는데 달그락달그락 소리만 날 뿐 시동이 걸리지 않았다. 내겐 이런 경우가 처음인지라 이걸 어쩌면 좋을지 가만히 차 안에 앉아 고민하고 있었다. 그렇게 십여 분 고민하고 있던 찰나, 바로 앞 편의점에 앉아 계시던 배달 대행 직원 분들이 달그락달그락 시동이 안 걸리는 소리를 들었는지 내 차 앞으로 우르르 몰려왔다. 이게 무슨 상황인가 싶어 차에서 내리니 배달 대행 직원분이 차 배터리가 방전된 것 같으니 도와주겠다고 말했다. 새벽 한 시가 지난 시간이라 이러지도 저러지도 못하던 내게 그 말은 구원의 손길이 아닐 수 없었다.

한 직원분이 편의점 앞에 세워져 있던 오토바이를 끌고 와 굵직한 선을 내 차와 오토바이에 연결하니 곧바로 시동이 걸렸다. 그들은 '바로 이거지'하는 표정을 짓더니 번갈아 가며 나를 향해 미소를 지었다. 이 늦은 시간에 누구에게도 도움을 청할 수 없었던 나는 갑작스레 나타난 따듯한 손길에 울컥한 마음이 들었다.

상체를 반 이상 구부려 감사 인사를 전했다. 그렇게 서너 번 감사하다는 말을 외치고서야 집으로 돌아올 수 있었다.

한 치 앞도 모르는 삭막한 삶의 한순간에서 마주하는 구원의 손길은 언제나 무시할 수 없는 어마어마한 감정을 끌어낸다. '나도 누군가에게 구원의 손길이 될 수 있을까'하는 의문을 가지고 집으로 돌아오니 캔맥주를 사오기만을 기다리던 아빠의 모습이 보였다. 나는 좀 전에 있었던 일이 생각나서 괜히 웃음이 나왔다.

"아빠 맥주 두 개 맞지? 두 시까지만 마시고 자. 내일 출근해야지."

내가 이렇게 잔소리를 늘어놓는데도 전혀 아랑곳하지 않고 오롯이 이것만을 기다렸다는 듯 캔맥주를 따며 싱글벙글 웃는 아빠의 모습을 보니 어쩌면 이 사소한 행동 하나하나가 누군가에겐 기다림이고 구원의 손길일 수 있겠구나 싶었다.

나의 사소한 행동 하나하나가 누군가에게는 잊지 못할 행복한 순간으로 기억될 수 있다는 것을 명심해야지.

아이스크림

 집에 물이 떨어져서 집 앞 편의점에 왔다. 분명 물을 사러 왔는데 편의점에 오면 괜히 이것저것 더 사고 싶은 마음에 그 좁은 곳을 몇 바퀴씩 돌며 탐색한다. 우선 필요로 했던 물을 하나 집어 들고 내일 아침에 마실 우유 하나 집어 들고 계산대에 올려두었다. 몇 바퀴씩 돌며 탐색한 것 치고 소박한 선택을 한 것 같아 괜히 양옆을 살피다가 옆에 놓인 아이스크림 통이 눈에 보였다. 마침 집에서 기다리고 있는 아빠 생각이 나서 재빨리 걸음을 옮겼다. 아빠가 좋아하는 비비빅이 있나 싶어 아이스크림 통을 들여다보는데, 운이 좋게도 딱 하나가 남아있었다. 하나만 사자니 아쉬운 마음이 들어 다른 것도 하나 집어 들어 계산대에 올려두니 다 골랐

나는 사장님의 물음에 "네."하고 짧게 대답했다. 내가 너무 서성여서 또 돌아보려나 싶어 물으신 듯하다. 괜히 머쓱한 기분이 들어 바코드를 찍을 때마다 올라가는 금액만 바라봤다. 그런데 갑자기 사장님께서 아이스크림 하나는 그냥 가져가라며 나를 다시 한 번 불렀다. 순간 여기가 동네 작은 구멍가게가 아니라 편의점이라는 사실에 "왜요?"하고 되물었다. 보통 집 앞에 있는 작은 마트는 워낙 드나드는 사람이 많지 않아 서로 얼굴을 알고 반갑게 인사도 나누는 사이라 아이스크림 하나쯤은 건네줄 수 있는데 편의점은 조금 다른 느낌이 들어 감사하단 인사로는 영 의문이 가시질 않을 것 같았다. 사장님은 나의 물음에 계산을 멈추고 비비빅을 들어 올리시며 말했다.

"사실 이게 좀 오래돼서 내가 이따가 먹으려고 넣어놨어요.(싱글벙글)"

나는 의문의 답을 듣자마자 다른 아이스크림을 고를 테니 주지 마시라고 손사래를 쳤다. 사장님은 아니라며 그냥 봉지에 집어넣으시고 나는 어쩔 줄 몰라 하며 쭈뼛거리다 무겁게 내려앉은 봉지를 건네받았다. 그 친절한 선의를 계속 거절하는 것도 예의가 아닌 것 같아 감사하다는 말을 남기고 편의점을 나섰다.

집으로 돌아오니 거실에 앉아 티브이를 보던 아빠가 물만 사 왔냐고 물었다. 나는 속으로 '그럼 그렇지'하며 봉지에 든 아이스크림을 꺼냈다. "둘 중에 뭐?"하고 물으니 편의점 사장님이 그냥 가져가라며 담아준 비비빅을 손으로 가리켰다. 하나 남은 건 또 어떻게 알았는지. 그러면서 '이게 아빠가 제일 좋아하는 아이스크림이었지'하며 당연한 걸 물었구나 싶어 어깨를 으쓱거리며 아이스크림을 건네주었다.

나는 아빠가 좋아하는 모습을 보면서 덩달아 기분이 좋아졌다. 만일 편의점 사장님의 배려가 없었더라면 그냥 평범한 아이스크림에 그쳤을 텐데. 굉장히 값진 행복을 선물 받았다고 생각하니 마음이 들썩 거릴 만큼 기뻤다.

배려는 여러 사람을 행복하게 만든다. 베푼 사람에게도 뿌듯한 일이고 받은 사람에게도 즐거운 일이다. 나는 오늘 이 사소한 배려 하나로 많은 것을 배웠다. 우리가 흔히 아는 양보가 상대방에게 큰 감동과 즐거움을 준다는 사실과 그 배려를 받은 사람은 그 감동을 기억하고 또 다른 사람에게 베풀 것을 기약한다는 사실을.

자취

근래 혼자 살고 싶다는 생각을 많이 했다. 예전부터 고민하긴 했지만, 늘 고민에서 그치기 일쑤였다. 근래엔 무슨 이유 때문인지 고민에서 그치지 않고 이것저것 알아보기까지 했으니 내가 나가 살고 싶은 게 맞구나 확신했다. 나는 집이 시끌벅적한 게 좋지만은 않았다. 집중해서 책을 읽고 싶고, 집중해서 글을 쓰고 싶은데 그럴 수 없는 게 싫었다.

기분이 좋지 않을 때면 종종 카페에 가서 책을 읽었다. 불만이 생기면 그 불만을 표출하기보단 스스로 피하는 편이라 집안이 시끌벅적할 때면 굳이 트집을 잡거나 싫은 소리 하기보다 조용히 집을 빠져나간다. 불편한 사람이 자리를 피하는 게 옳은 거니까. 하지만 요즘은 사회적 거리 두기가 한창인지라 외출을 되도록 하지 않으려 하다 보니 내 고민이 곧장 실행으로 옮겨진 계기가 됐다. 그런데 오늘 그 실행을 멈추게 됐다.

 아빠가 며칠 시골에 내려가게 돼서 혼자만의 시간을 가질 수 있게 되었는데 하루는 정말 행복했다. 티브이도 내 마음대로 볼 수 있었고 늦은 새벽에도 눈치 볼 것 없이 냉장고를 열어보거나 라면을 끓여 먹을 수 있었기 때문에. 그런데 문제는 오늘 새벽, 1시 30분부터 2시가 넘어서까지 밖에서 술 취한 여자와 남자가 번갈아 가며 소리를 지르고 알 수 없는 괴성을 내기 시작하더니 여자는 엉엉 울고 남자는 소리를 질러 바깥 상황을 눈으로 보지 않아도 어떤 상황인지 알 수 있었다. 나는 이 상황이 불쾌했다. 오랜만에 가지는 고요한 적막을 깨서가 아니라 이 늦은 새벽에 고성방가라니 당장이라도 경찰에 연락하고 싶은 마음이었지만 '조금만 기다려보자' 하다 보니 새벽 2시가 넘은 것이다. 그리고 또다시 몰려오는 불쾌감은 내가 자취 계획으로 들떠 있는 이 타이밍에 이런 일이 일어나 혼자 사는 것에 대한 계획을 다시 고민으로 돌아가게 한 것이다. 예전부터 여자가 혼자 사는 건 위험하다고 생각하고 있었지만, 이미 마음이 기울어진 이상, 불안한 마음보단 행복한 상상으로 마음을 가다듬고 있었다. 근데 이 시기에 고성방가 사태가 생겨 다시금 불안한 마음이 자리 잡게 된 것이다. 나는 가뜩이나 누가 소리 지르거나 인상 쓰는 걸 무서워하는데 어쩌면 혼자 살면서 이러한 상황에 자주 놓일지도 모르겠단 생각이 들었다.

아무리 상황에 따라 생각이 변한다지만 나는 참 줏대도 없이 자주 변해서 문제다. 이래서 아빠가 자취를 반대하는 걸지도 모르겠다.

새벽 2시 18분. 아직도 고성방가가 한참이다. 남자가 그치면 여자가 시작하고 여자가 그치면 남자가 시작하는 게 둘이 대결이라도 하는 건가 싶었다. 이제는 이 상황에서 불쾌함이 들기보단 늘 적막을 깨던 아빠의 코골이가 그리워진다. 항상 곁에 아빠가 있어서 혼자 있는 시간이 늘 필요한 나였지만 막상 혼자 있는 나의 시간에는 아빠가 절실히 필요한 존재임을 깨달았다.

혼자 사는 것을 계획하는 과정에서 자취를 하고 있는 친구들에게 혼자 살면 좋은 점과 나쁜 점을 물어본 적이 있다. 아무래도 확고한 마음보단 고민하는 마음이 더 컸기 때문에 이런저런 조언이 많이 필요했던 것이다. 친구들은 수많은 장점을 얘기해주었다. 그중 가장 많은 답을 들은 건 생활의 자유였다. 내가 무얼 해도 억압받지 않는다는 게 가장 컸고 다음으로는 시도가 있었는데 아무래도 혼자 지내는 시간이 많아지는 만큼 일상의 지루함을 느끼다보니 자연스레 내가 할 수 있고 내가 하고 싶은 취미를 만든다고 한다. 나 역시도 크게 공감하는 부분이고 자취를 하고 싶은 이유 중 하나였다. 그렇게 수많은 장점을 듣고 단점을 들어보니 친구들은 하나같이 같은 말을 했다. 가족과 함께 지내던 시간이 그리운 것과 밖에서 들리는 작은 소음에도 깜짝깜짝 놀라 심장이 벌렁거리는 것이었다. 아마 나도 자취를 하게 된다면 이 두 가지 단점이 가장 클 것이다.

   사실 장단점을 물어보면서 단점은 크게 신경 쓰지 않을 생각이었다. 좋은 것만 알고 싶었기 때문이다. 하지만 나는 그러지 못했다. 그 수많은 장점을 듣고도 고작 두 가지 단점 때문에 계획을 멈췄다. 숫자로는 고작 두 개인데 심리적으로는 두 개의 무게가 너무 크게 실려 버렸다. 멈출 수 있을 때 멈추란 말이 지금 내게 딱 필요한 걸지도 몰라 이쯤에서 그만하기로 했다. 두 가지 단점을 작게 느끼기 전까진 지금 생활을 만족하며 감사히 살아가는 게 내겐 더욱더 필요한 일인 것 같았다. 모처럼 계획한 일이 틀어져 아쉬움도 남았지만 모처럼 계획한 일로 인해 소중한 순간을 지킬 수 있게 되어 안도할 수 있었다.

새벽 2시 27분. 드디어 고성방가 행위가 끝났다. 듣는 내내 기분은 불쾌했지만, 마음은 한결 편안하다. 만일 내가 잠들어있었다면 이 기분을 모른 채 그냥 지나쳤다면 아무것도 몰랐을 것이다. 소중한 순간이 늘 곁에 자리하고 있다는 사실을.

수면 위에 드러나는 것

 아빠가 뉴스를 보고 있으면 어쩔 수 없이 옆에 앉아 뉴스를 본다. 사실 뉴스를 보고 있으면 속이 답답할 만큼 좋지 않은 소식이 많아 되도록 피하고 싶지만, 어른들은 세상이 어떻게 돌아가는지 알려면 꼭 뉴스를 봐야 한다고 말한다. 유익한 소식은 많지 않지만 보고 나면 어느 순간부터 조심하게 되고 대처하게 되는 것은 사실이다.

 안 좋은 소식으로 나를 방어하게 되는 건 영 마음이 쓰이고 아픈 일이지만 세상이 이렇게 돌아가고 있다는 사실만큼은 부정할 수 없다.

 오늘도 뉴스를 보면서 생각했다.

어째 좋은 소식보다 안 좋은 소식만 이렇게 넘쳐날 수 있을까. 세상이 이토록 험하고 힘든데 그런 와중에도 나는 참 평온하게 살아가고 있었구나. 내가 보고 느끼는 사소한 불평불만은 수면 위에 드러나는 것에 비하면 정말 아무것도 아닌 일이구나. 평범하게 살아가고 있는 것에 감사하자.

모든 요일의 어른

 어른이 된 이후로 시간 개념이 사라졌다. 오늘이 화요일인지 수요일인지도 모르고 출근을 한다. 가끔은 아침에 자다가 벌떡 일어날 때도 있는데 그날이 주말이라는 것도 모르고 '늦었다. 어떡하지. 어떡하지.' 하며 발을 동동 구른다. 그러다 몸을 일으켜 씻으려고 욕실에 들어서는 찰나 오늘이 주말이라는 사실을 알게 된다. 그럴 때마다 어이가 없어 헛웃음이 흘러나온다. 오늘이 주말이라는 안도감과 오늘이 주말인지도 몰랐던 이 상황에 허탈함이 느껴지는 것이다.

 주말에 다른 사람들은 어떤 하루를 보내는지 궁금해서 친구들에게 물어본 적이 있었다.

"너는 보통 주말에 뭐하면서 보내?"

"나? 그냥 계속 자는데?"

보통 사람들이 주말에 집 밖을 나가는 것보다 집 안에서 보내는 시간을 선호한다는 걸 알고 있긴 했지만, 물어보는 사람마다 비슷한 대답이 돌아오니 좀 당황스러웠다. '나는 전혀 그렇지 않은데. 어쩌면 내가 비정상적인 주말을 보내고 있는 게 아닐까' 하는 생각이 들었다.

결과적으로 대부분 잠을 잔다거나 누워서 드라마나 영화를 본다거나 가만히 있는 게 전부였다. 마치 백수 생활을 연상하게 만드는 일상을 즐기는 듯했다. 반면에 잠을 오래 못 자는 나는 주말에도 알람 없이 7시쯤 눈을 뜨는데 심지어 한번 눈뜨면 다시 잠들지 못하는 피곤한 스타일이다. 그래서 일어나면 꼭 달그락거리며 밀린 집안일이나 음악을 듣는데 다른 사람들과 다를 바 없이 주말의 달콤한 잠을 즐기고 있는 아빠에게는 이런 내 행동들이 훼방을 두는 일이었다.

아빠는 더 자고 싶어도 나 때문에 결국 눈을 뜬다. 잠이 덜 깬 채로 티브이를 켜고 배가 고프니 아침밥을 먹자고 한다. 사실 일어나서 청소를 하고 부지런히 움직이는 건 좋은데 이상하게 아침상을 차리는 건 귀찮았다. 뭐랄까 먹는 것만큼은 가만히 앉아 있으면 누군가가 차려줬으면 좋겠다는 마음.

평일에는 아빠랑 마주 앉아 아침을 먹을 기회가 없지만 이렇게 주말에라도 같이 밥을 먹으면서 시시콜콜한 이야기를 나눌 수 있어 좋다. 가끔은 좋은 이야기를 하면서 기분 좋은 아침을 먹기도 하고 가끔은 좋지 못한 이야기를 하면서 감정이 상하는 아침을 먹기도 하지만 부모와 자식 간에 이러한 일은 늘 있는 일이라고 생각해 대수롭지 않게 넘긴다.

아빠는 주말이 되면 종일 집에서 시간을 보낸다. 충청도에서 오랜 세월을 지내다 김포로 이사를 온 지도 어느덧 10년이라는 세월이 흘렀다. 그럼에도 이곳에서 알고 지내는 사람이 거의 없어 밖에 나갈 일이 없다. 반면, 이곳에서 초등학교부터 대학교까지 다닌 나는 주말마다 늘 분주하게 나갈 준비를 한다.

"아빠 나 나갔다 올게."

주말만 되면 아빠한테 이 말을 가장 많이 건넨다. 집에 혼자 있는 아빠를 두고 밖으로 향하는 나. 그 뒤로 보이는 아빠의 쓸쓸한 모습을 보면 나도 모르게 괜히 마음이 불편해져 성질을 내고 만다.

"아빠도 좀 나가서 뭐라도 해. 만날 집에만 있지 말고."

나는 아빠 마음이 어떤지도 모르면서 내 입장만 생각

하며 말을 뱉었다. 아빠는 내가 이렇게 가슴 찌르는 말을 뱉을 때마다 어떤 생각을 했을까. 자신이 나가도 만날 사람이 없다는 좌절감이 들었을까? 아니면 그 마음도 모르고 모진 말을 뱉는 나에게 서운한 마음이 들었을까.

문밖으로 나설 때는 아빠가 어떤 마음인지 궁금하지 않지만, 하루 약속을 다 끝내고 집으로 돌아갈 때면 문득 아빠가 혼자 집에서 어떤 하루를 보냈을까 생각하게 된다. 나처럼 누군가를 만나 대화를 나누고 수다를 떨고 또 맛있는 밥을 먹는, 이런 소소한 행복이 없을 그를 생각하니 괜히 발걸음이 무거워진다.

늘 이렇게 똑같은 생각을 되풀이하면서도 쉽사리 변하지 않는 것은 나름대로 나에게 주어진 소중한 주말을 보내기 위함이다. 아빠에 대한 걱정보다 내가 누릴 수 있는 즐거움이 더욱더 마음에 크게 자리하고 있기 때문이다. 물론 내 생활이 더 중요하지만 그래도 집으로 돌아갈 때마다 캔맥주는 꼭 두 개씩 사 간다. 아빠를 혼자 집에 있게 해서 미안하다는 일종의 사과 같은 건데 아빠한테는 또 이만한 사과가 없다. 내 딴에는 소중한 주말도 챙기고 소중한 아빠의 소소한 행복도 챙기는 최선과 방법이라고 생각한다.

아빠는 나와 맥주를 먹는 걸 좋아하지만 언제까지나

내가 아빠에게 맥주를 사다 줄 수는 없다. 이미 내 나이가 서른에 가까워졌고 곧 있으면 결혼이든 자취든 진지하게 생각해야 하는데 집에서 혼자 있는 아빠를 보면 결혼에 대한 생각도 자취에 대한 생각도 자꾸만 미루게 된다. 그래서 아빠한테 더 화를 냈다. 집에만 있지 않고 누구든 좀 만나라고. 아니면 다른 취미라도 만들어서 해보라고.

언제까지 내가 옆에 있을 수는 없으니까.

아빠는 이런 내 마음을 알고 있을까?

거실에 앉아 내 뒷모습을 보는 아빠가 아니라,
현관문을 나서는 아빠의 뒷모습을 보는 나였으면 좋겠어.
굳이 내가 마음 쓰지 않아도 될 날이 왔으면 좋겠어.
나는 아빠의 모든 요일이 행복해졌으면 좋겠어.

거울에 비친 모습

 엘리베이터에 비친 내 얼굴을 보는데 오늘따라 얼굴이 더 푸석푸석하게 보인다. 조금씩 늘어가는 잔주름도 많이 보이기 시작하고 좀처럼 잘 안 나던 뾰루지도 틈만 나면 삐져나오는 게 영 신경 쓰이고 거슬린다. 예전엔 스킨이고 로션이고 굳이 안 발라도 문제가 없을 만큼 반들반들한 피부였는데 요즘은 로션 바르는 걸 하루라도 거르면 얼굴에서 전쟁이 난다. 나이가 들었다는 증거다.

 예전부터 어른들이 비싼 기초화장품을 사서 쓰는 게 이해가 안 갔다. 굳이 몇 십만 원을 들여서 로션을 사야 할까 싶었다. 나는 그렇게 비싼 화장품을 살 돈도 없고 굳이 그렇게까지 관리하지 않아도 된다고 생각했던 터라 화장품 가게에 가면 가장 잘나가는 게 뭔지 물어보고 가격대도 괜찮다 싶으면 줄곧 그 제품만 사서 썼다. 그런데 최근 들어 화장품 가게에서 산 클렌징 폼이나 로션이 피부에 잘 안 맞는지 뾰루지가 많이 나기 시작했다. 처음엔 스트레스를 받아서 그런가 아니면 식단이 잘못돼서 그런가, 이런저런 생각을 해봤지만 지금까지 이런 일도 없었고 워낙 예민한 피부도 아니기 때문에 나이가 들면서 자연스레 피부도 체질이 변한 것 같다는 생각이 들었다.

이제는 피부가 아무거나 쓰면 안 된다고 내게 경고하는 듯하다. 나는 비싼 화장품을 사서 쓸 엄두는 안 나는데 이대로 내 피부를 방치할 엄두는 더더욱 안 난다.

어쩔 수 없는 그런 난감한 일들이 나이가 들면서 점점 더 많아지고 있다. 나이가 든다는 건, 어른이 된다는 건 참 어려운 일이야.

피곤한 하루

 야근의 연속으로 지칠 때로 지친 나를 겨우 이끌고서 집 앞 큰 마트에 들렀다. 축 늘어진 몸으로 카트를 끌 자신이 없어 빈손으로 터덜터덜 들어섰다. 몸은 축 늘어져 있지만 이미 눈은 온갖 먹을거리로 번쩍 뜨여있었다. 그러나 바구니 하나 들고 있지 않았던 나는 이것저것을 주워 담을 수 없었다. 한참을 돌고 돌아 주렁주렁 서로를 싸매고 있는 바나나를 발견했다. 딱히 좋아하는 과일은 아니지만, 출근길에 운전하면서 까먹기 좋겠다는 생각이 들어 덥석 집었다. 고작 바나나 몇 송이 달린 걸 손에 쥐었는데 한 손은 더 이상 무언가를 잡을 수 없게 돼버렸다. 남은 한 손으론 어떤 걸 집어갈까 생각하던 무렵, 피곤함에 지친 나를 편히 잠재워 줄 와인 코너가 보였다. 어떤 걸 고르면 좋을지 생각할 틈을 주지 않으려는 건지 와인 종류가 너무 많아 선뜻 고르지 못하고 있을 찰나, 눈앞에 '사르르 녹는 달콤함'이라는 문구가 보였다. 일에 치이고, 사람에 치이면서 한껏 마음이 쌉싸름해질 때로 쌉쌀해진 내게 꼭 필요한 와인이었다. 남은 한 손으로 와인을 집어 들으니 양손이 가득하다. 많은 걸 고르지 않았는데도 이미 마음은 꽉 찬 기분이랄까.

집에 돌아와 씻고 머리를 말리는데 거울 앞에 놓인 시계가 '지금 여유롭게 와인 마실 시간이 있어? 그냥 빨리 자. 내일도 야근인데' 하며 나를 째려보는 것 같았다. 괜히 마음이 급해져 후다닥 머리를 말리고 와인을 꺼냈다. 얼마 전 와인 잔을 실수로 깨트린 탓에 와인 잔은 없고. 그렇다고 소주잔에 마시자니 어느 세월에 마시나 싶어 컵에 물 따르듯 와인을 따라 마셨다. 뒤에서 누가 쫓아오는 사람처럼 너무 성급한 거 아닌가 싶으면서도 시간이 많지 않으니 이게 최선에 방법일 거라며 나를 안도시킬 수밖에 없었다.

내게 주어진 하루 중 긴 시간을 일에 소모하고 남은 시간을 쓰려니 텅텅 빈 통장 잔고 마냥 아무것도 할 수 없는 현실이 망연자실했다. 열심히 일하면 뭐 하나. 내 시간이 없는데. 괜히 와인 한잔 때문에 온갖 빈정을 상해가며 죄 없는 나를 탓했다.

와인을 물처럼 마신 탓인지 12시간을 회사에서 보낸 탓인지 안 그래도 축 늘어진 몸이 더 늘어지고 있음을 느꼈다. 침대에 누워 술기운에 핑핑 돌 때 눈을 감았다 떴다 반복하다 내일 아침에는 꼭 오늘 산 바나나를 먹으면서 출근해야지 생각했다.

　결국, 출근길에 바나나를 먹지 못했다. 늦잠을 자는 바람에 지각할 것 같아 마음이 급했다. 퇴근하고 집에 돌아오면 다음 날 출근길을 여유롭게 보내야지 다짐하면서도 막상 다음 날이 되고 나면 뭐가 그리 바쁜지 모르겠다.

　생각대로 행동하지 않은 나로 인해 고스란히 차 안에 놓인 바나나는 밤이 되어갈수록 추워지는 차 안에서 꽁꽁 얼어갔다. 홀로 어딘가에 놓인다는 것은 외로운 거다. 지친 나처럼. 누군가를 기다리는 이 바나나처럼.

이해 영역

 어른이 하는 말은 틀린 말 하나 없다지만 예전의 나는 어른이 하는 말을 들으면 다 틀린 말 같았다. 경험이 있는 사람이 하는 말과 경험이 없는 사람이 듣는 말은 이해 영역이 완전히 다르니까. 마치 내가 보지 못한 영화 줄거리를 설명하면서 같이 공감해달라고 하는 기분이랄까. 뭐 내용은 대충 알 것 같은데 내 눈으로 보질 못했으니 감동도 여운도 공감도 안 가는 그런 느낌이랄까.

이해 영역2

  어른이 된 지금은 어른들이 내게 해주었던 말을 나보다 나이가 적은 사람들에게 고스란히 전하고 있다. 그 많고 많은 말 중에서도 "너 그러다 후회한다."라는 말을 가장 많이 했던 것 같다. 예전에 어른들이 내게 이 말을 건넸을 때의 기분을 이제야 알겠다. 나도 어른이 되면서 후회되는 순간이 분명 많이 있었다. 그래서 아직 경험하지 못한 사람들에게 미리 일러주고 후회하지 않길 바라는 마음 같은 거다. 내게 이 말을 건넸던 어른들도 아마 같은 마음이었겠지.

상실

 꿈꾸던 어른이 되지 못했을 때의 상실은 생각했던 것보다 광대했다. 그저 그런 일들이 두려움을 주기도 했고, 괜찮았던 일들이 괜찮지 않은 일이 되기도 했다. 내가 생각했던 어른의 삶은 찬란했지만, 내가 되어본 어른의 삶은 너무도 외롭고 처량해서 매일 눈을 감은 채 살아가는 그런 기분이 들었다. 눈 뜰새 없이 지나가는 날들이 반복되면서 나는 내 사람들과 눈 한 번 맞출 새 없이 잠드는 날도 많았다.

 누군가와 오래도록 눈을 맞추고 대화를 나눴던 게 언제였는지, 누군가와 오래도록 마음을 나눴던 게 언제였는지 이제는 기억도 잘 나질 않는다. 그런 걸 보면 아직 찬란한 어른의 삶은 먼 듯하다.

나도 언젠가는 나 자신을 내려놓고 상대방을 바라보는 일을 하고 싶다. 이것저것 따지지 않고 완만하게 관계를 이어가고 싶다.

모진 하루도 있었고 어진 하루도 있었으니 그럭저럭 살아갈 만했다. 조금은 불평불만을 가지기도 했으나 온전히 마음을 기울이진 않았다. 그저 어떤 마음과 어떤 마음의 무게가 같았으면 하는 소망을 가질 뿐. 나는 내 하루가 평등하길 바랐고 내 선택이 한쪽으로 치우치지 않길 바랐다.

2장

아주 보통의 나날들

인생에서 가장 많은 웃음을 남기는 것이 추억이고
인생에서 가장 많은 울음을 주는 것이 그리움이라면
우리는 그 추억과 그리움으로 웃으며 살다가
울음으로 그치는 것이겠다.

단것은 많이 먹으면 안 된다

 어느덧 나이를 신경 쓰게 되었다. 예전 같았으면 새해가 밝는 걸 기뻐하고 즐겁게 보냈을 테지만, 이제는 한숨부터 푹 쉰다. 항상 언제 어른이 될까 의문을 가지고 살아왔는데 정말 순식간에 나이를 먹은 내 모습을 발견하면 흠칫 놀랄 때가 있다. 이제는 부디 천천히 지나가 줬으면 좋겠다는 바람을 두고도 빨리 월급날이 됐으면 좋겠다고 생각하는 걸 보면 앞뒤 안 맞는 모순덩어리 인생이다. 어릴 적, 돈 걱정이 없을 땐 시간이 무디게 가는 것 같더니 돈 걱정, 미래 걱정이 눈 깜짝할 사이에 쌓이니 하루하루 그 무게가 늘어 시간이 가속화 되어가는 듯하다. 가끔은 이 무게를 견디지 못해 전부 내려둔 채 멈춰버리고 싶지만 여기서 멈춰버리면 다시 나아가기까지 더 오랜 시간이 걸린다는 걸 잘 알기 때문에 멈춘다는 생각을 그저 사치라고 단정 지어버린다. 어른들은 그 흔한 여유나 여행 같은 일도 생각에서 그칠 뿐이지 실행으로는 옮기지 못한다. 지금 내가 생각하는 것처럼 이 모든 것은 어른들에게 사치스러운 일 중 하나이니까.

그럼에도 내 주변 사람들은 잘만 멈춰서고 잘만 여행을 다니고 잘만 놀던데 과연 그들은 쌓을 것이 없는 인생일까. 나와는 달리 가벼울 만큼 수월한 인생일까. 그렇게 잠시 생각에 빠져 부러움 속에서 헤매었다. 아주 잠시.

본디 단것은 많이 먹으면 안 된다. 이가 썩기도 하고, 배탈이 나기도 하고, 입맛을 잃기도 하고, 건강에 해롭기도 하다. 주변 사람들의 부러운 삶은 나에게 그저 단 음식일 뿐이다. 그러니 오래 부러워해서도 안 되고 오래 빠져있어도 안 된다. 아주 잠시 그들을 부러워하되, 다시 쓴 인생으로 돌아와 제 자리를 꿋꿋이 지켜야 한다. 여기서 무언가를 더 잃어버리면 어른의 모습인 나를 마주하려 하지 않을 테니까.

혼자 밥을 먹는 것만큼이나 싫은 건 또 없을 거야. 아마 외로움에 더욱 허기지겠지. 나는 영원을 믿지 않지만, 영원해지고 싶다고 늘 소망해. 함께 하는 사람들이 내 곁에서 떠나지 않았으면 좋겠다고 말이야. 언제든 같이 밥 한 끼하고 싶다고 말이야.

보통의 하루

 야근을 하지 않고 집에 돌아오면 생각보다 많은 자유 시간이 주어집니다. 대략 서너 시간은 족히 여유롭게 보낼 수 있지요. 그럼 대부분 집안일을 하면서 보내거나 글을 쓰거나 책을 읽습니다. 꼭 해야 할 숙제 같은 것인데요. 그렇다고 또 숙제라고 하기엔 스스로 너무나도 원하는 일이기도 합니다. 숙제라는 것 자체가 늘 미루고 싶은 것 아닙니까. 그래서 숙제라고 말하기는 좀 그렇고 꼭 해야만 하루가 채워지는 일종의 습관이 아닐까 싶습니다.

 저는 예전부터 하고 싶은 것을 하나쯤 마음에 품고 사는 게 늘 뿌듯했습니다. 비록 오랜 시간 집중할 순 없지만, 잠깐이나마 몸을 녹이고 갈 수 있는 시간이지요.

보통의 하루입니다. 누구나 다 나처럼 살아갈까요? 문득 궁금하고 어떤 삶이 당신의 하루인지 알고 싶어지네요. 도통 잠이 오질 않아서요.

저는 또 이렇게 많은 생각에 잠깁니다.

익숙한 것은 늘 편안하다

 핸드폰 케이스를 바꾸지 않은 지도 거의 1년이 다 됐다. 예전에는 조금 질렸다 싶으면 곧장 새로운 걸 사서 바꾸곤 했는데 요즘은 줄곧 오래 함께한 것을 고집하게 된다. 꼭 집어 마음에 들어서라든가 누군가와 애틋한 추억이 담겨서라든가 그런 눈부신 의미가 있는 물건이 아님에도 굳이 오래되고 낡은 것을 고집하는 이유는 그저 내가 느끼기에 편안하고 익숙해서 그렇다.

 요즘은 오래된 물건을 지니고 다닐 때 행동을 더욱이 조심하게 된다. 아무래도 낡고 오래된 물건이다 보니 자칫하면 닳아 찢어지거나 부서질 수 있으니 내 잘못된 행동 하나로 영영 못쓰게 되진 않을까 괜한 조바심이 나기 때문이다. 그래서인지 요즘은 오래된 물건 만큼이나 곁에 오래 머문 이들에게도 조바심을 느낀다. 낡고 오래될수록 연하고 약하기 때문에 떨어뜨리면 금방 깨져버리기 일쑤라는 걸 아니까. 물건이든 사람이든 오래 함께한 것은 더욱더 소중하게 다루고 대해야 한다. 그만큼 연약해져 있으니까.

세월을 느낀다는 건 이토록 섬세한 일이다. 마음 가는 대로 하기엔 너무도 어렵고 복잡한 일이고 신경 써야 할 일들이 늘어나는 것이고 아껴야 할 게 많아지는 일이다. 그래서 나이가 들수록 골치 아픈 횟수가 늘어나는 것이다.

난 익숙한 것이 늘 편안하고 좋다.
내가 온 신경을 쏟아내야만 지켜낼 수 있는 것.
지켜낸다는 소중한 마음을 가질 수 있는 것.
곁을 내어주고 곁에 머물러 준다는 이 아름다운 사실이 좋다.

보호받지 못하는 어른

 오늘은 어떤 하루를 보내면 좋을까 고민하다 결국 아무것도 하지 않기로 했다. 누군가를 만나 대화를 하는 것도 그다지 즐겁지가 않고 혼자 거리를 쏘다녀도 예전처럼 걸음이 가볍지가 않다. 좋아하는 걸 하고 싶은 의지도 좋아하는 사람을 만나기 위한 약속도 조금씩 사라지고 있다. 하루라도 빨리 어른이 되고 싶었다. 하지만 막상 누군가로부터 보호받지 못하는 어른이 되고 나니 삶이 빠듯해지고 있음을 몸소 느낀다. 적어도 나는 예전보다 더 행복한 미래에 있길 바랐지만, 지금의 나는 안고 가야 할 것이 너무도 많다.

세월이 흐를수록 늘어만 가는 책임감 앞에서
어릴 적 꿈꾸던 자유롭고 행복한 모습의 어른은
조금씩 잊히고 있다.

서른에 가까워지면서

 어느덧 서른에 가까워지면서 가장 많이 듣는 말이 있다. 나에게는 오지 않을 것처럼 멀게만 느껴지던 결혼. 그렇다. 내가 근래 가장 많이 듣는 말은 "너 결혼은 언제 하니?"라는 말이다.

 나름대로 쉴 틈 없이 바쁘게 살아왔다. 열심히 돈도 모아봤고 결혼에 대한 상상과 미래를 꿈꾸기도 했다. 대학 졸업 이후부터 일을 쉰 적이 거의 없으니 5년 정도는 꾸준히 노동자로 살아왔다. 말했듯 지난 5년 동안 부지런히 저축하긴 했는데 정작 모아둔 돈은 어디로 갔는지 다 사라지고 없다.

 아직 젊다는 생각 때문에 돈을 다 써버려도 다시 모으면 된다고 단순하게 판단했던 나의 실수였다. 꾸준히 모았더라면 지금의 내가 결혼 자금 때문에 골치 아플 일은 없었을 테니까. 덕분에 결혼에 대한 질문을 받아도 결혼에 대한 꿈을 꿀 수 없다.

남들은 내가 돈이 없으면 돈 많은 남자를 만나서 시집가면 된다고들 하는데 나는 가진 것 하나 없이 남이 쌓아둔 노력에 숟가락 하나 얹고 갈 생각이 없다.

그들은 반대 입장이 되었을 때를 생각하고 말하는 걸까. 나는 죽어라 일하고 먹고 싶은 것, 하고 싶은 것 다 참아가며 모으고 또 모았는데 정작 내가 결혼할 상대는 먹고 싶은 것 다 먹고 하고 싶은 것 다 하면서 사느라 돈이 없으면 그 모든 책임은 다 내가 지고 가야 하는데. 내 입장에선 그다지 달갑지도 좋지도 않을뿐더러 사랑이 아무리 대단하다고 한들 서로에게 최소한의 배려도 하지 않는다면 그 사랑은 도로 접고 싶은 마음이 든다.

아무리 좋아서 미칠 것 같은 사람이라도 내 모든 걸 다 내어줄 수 있을 것 같은 사람이라도. 자기 자신만 생각하며 살아온 사람과는 평생 함께 살고 싶지 않다.

그러다 보니 나도 자연스레 결혼에 대한 생각을 미루게 됐다. 미래의 남편에게 최소한의 배려를 줄 수 있는 아내가 되고 싶어 늦게나마 악착같이 돈을 모으고 있다. 아직도 수없이 많은 유혹과 욕심 때문에 힘겨운 날들이 반복이지만 예전처럼 젊음을 핑계로 모아둔 돈을 안일하게 쓰는 실수는 더 이상 용납할 수 없을뿐더러, 내 젊음을 쉴 틈 없이 일하는 노동자로 살고 싶지 않았다.

제대로 돈을 모으기 시작한 지 어느덧 1년이 지났다. 지금 이대로라면 1년 뒤에는 결혼 생각을 해도 괜찮을 것 같다는 판단을 내렸다. 그래서 요즘은 결혼 자금이 얼마나 드는지, 결혼하면 어떤 점이 좋은지. 결혼 후기가 올라와 있는 글을 보는 재미로 산다.

여전히 노동자라는 사실은 변함이 없지만, 그나마 이런 재미라도 즐길 수 있기에 고단한 오늘 하루를 견딜 수 있었다.

인생의 즐거움은 자신의 나이에 생각할 수 있는 고민들을 조금씩 풀어가면서 느낀다. 나도 언젠가 서른이 지나고 결혼을 하게 되면 그땐 또 다른 고민거리로 내 하루를 즐겁게 보내게 되겠지. 아직은 그 즐거움이 무엇인지 알 수 없지만 알기 위해 노력할 것도 없다. 그 시기가 오면 자연스레 알게 되는 것들. 우리는 그 보물 상자를 열어 보는 재미로 이 고단한 세월을 보낸다.

조급해하지 않아도 된다

 원하지 않는 방향에서 걷고 있는 이 길이 나를 위한 길이 아니라는 뜻은 없는 것처럼 지금 행하고 있는 무언가가 나를 위한 것이 아니라는 부정은 하지 않았으면 한다.

 만일 뜻하지 않는 것을 손에 얻었다면 다른 이에게 갈 것이 내게 먼저 왔다고 생각하면 된다. 당장은 이 길이 잘못 들어선 길처럼 생각될 수도 있지만 언젠가 길의 끝이 보일 때면 조금씩 알게 될 것이다. 내게 지름길이었는지 아니면 막다른 길이었는지. 그러나 지금은 그 누구도 알 수 없다. 그러니 홀로 조급해하지 않아도 된다.

멈추어 바라볼 시간

꼭 무언가를 해야만 삶의 바퀴가 굴러가는 것은 아니라고 생각하는 한 사람으로서, 당신이 소중하게 생각하는 이 순간을 잠시 멈추어 바라볼 시간을 가졌으면 좋겠습니다. 무엇이 되었든 쉴 틈 없이 움직이는 것에는 문제가 생기기 마련이잖아요.

내 기준이 옳은 건 아니지만
네 기준도 옳은 건 아니라고
　　　　말하고 싶었다

　나는 어려움에 부닥칠 때마다 어떻게 하면 좋을지 생각하지 않고 그대로 피해 가려 애쓰는 편이다. 해결보다는 회피를 더욱 편안하게 여기기 때문이다. 누군가와 다투는 것을 싫어하고 서로의 뜻을 전하기 위해 애쓰는 게 싫다. 그래서 되도록 관계가 틀어지지 않게끔 적당한 선을 지키는 게 내가 가장 확실하게 할 수 있는 회피다.

　그러나 얼마 전엔 친한 친구와 약간의 다툼이 있었다. 그동안 내가 전혀 생각지도 못한 것을 친구는 내내 마음에 쌓아두고 있었던 모양이다. 좋은 이야기를 나누고 있는 와중에 점점 이상한 쪽으로 이야기가 흘러갔다. 친구는 이런저런 일로 나에게 서운했던 점을 이야기했고 곧이어 감정이 격해졌다. 나는 지금 이 자리에서 이런 이야기를 하는 게 싫다고 했다.

서로 다른 성향을 가지고 있어서 좋은 이야기를 할 땐 합이 잘 맞았을지 몰라도 무언가를 해결해야 할 땐 확연한 차이가 있었다. 친구는 그대로 자리를 떠났고 나도 자리에서 일어나 집으로 향했다. 집으로 걸어가는 내내 아무것도 생각하지 않았다. 여기서 무슨 말을 해야 우리가 서로 다른 점을 이해하고 인정할 수 있을지 찾아낼 자신이 없었기 때문이다. 그저 말하지 않아도 통할 수 있는 관계라면 좋았겠지만, 이건 어디까지나 내 기준일 뿐이었다.

집 앞에 도착하니 친구에게 장문의 문자가 왔다. 내용은 대충 서운했던 점, 서운했던 이유, 그 서운함을 받아주지 않아서 실망스럽다 등등 내가 예상했던 내용이었다. 나는 이미 술에 취해있었고 정신이 몽롱해서 지금 내가 적어내는 말이 과연 맨 정신일 때와 같을 수 있을까 걱정스러웠다. 읽었으니 답은 해야겠고 답답한 마음이 들었다. 고민을 하다 내가 너에게 서운했던 점은 어쩌면 나의 작은 습관 같은 행동이고, 내가 너에게 곧바로 대답할 수 없었던 건 네가 어떤 부분에서 서운해 했을지 나도 충분한 생각이 필요했기 때문이라고 답했다. 나는 항상 섣부른 답을 하면 좋은 결과가 없었다. 특히 감정이 격해졌을 때나 술에 취했을 땐 더더욱 조심해야 했다. 말에 대한 트라우마가 있는 사람과 평범한 대화를 이어가기란 손에 땀을 쥐게 만드는 일이었다.

친구에겐 계속해서 미안하다는 말만 늘어놓았지만, 내가 어떠한 이유나 변명을 늘어놓는다고 해서 친구의 마음이 사그라지지 않을 것 같았다. 그래서 "이유나 변명으로 너의 화를 삭이고 싶지 않고, 너에게 진심으로 미안하다고 꼭 얘기해 주고 싶어. 그리고 넌 나에게 좋은 친구인 만큼 핏대 세우며 다투고 싶지 않아."라고 말했다. 친구도 이내 미안하다며 말을 바꾸었다. 계속 차분하게 미안하다는 말만 하니 혼자 성질내는 기분이 들었나 보다.

모든 관계는 서로가 조금만 더 이해하고 또 배려하면 굳이 큰소리칠 일도 화를 낼 일도 줄일 수 있다. 언제나 그랬듯 나도 누군가에게 서운하고 미운 마음이 들 때면 먼저 묻는다. 무작정 내 마음을 밝히기보다는 차분히 단계를 밟으며 물으면 상대방도 그 질문에 대해 충분히 생각하고 답할 수 있다. 좀 더 편안한 마음으로 서로를 알아가듯 대화할 수 있다. 하지만 이것도 어디까지나 내 기준에서다. 나도 내 기준이 생기기 전까진 무작정 내키는 대로 말했다. 그래서 많은 걸 잃었고 아품만 남았다.

　나는 친구에게 내 기준이 옳은 건 아니지만 네 기준도 옳은 건 아니라고 말하고 싶었다. 누군가를 잃는 방법은 너무나도 많아서 되도록 피해갈 수 있게끔 하고 싶었다.

참고 싶지 않은데 참아야 해서 울었다.
울고 싶지 않은데 울어야 해서 울었다.
몇 번이고 울음을 터뜨리는 동안에도
달래주는 이 하나 없어 울었다.
나는 왜 이토록 외로운가.

바뀌지 않는 관계

 혼자 백날을 노력해도 바뀌지 않는 관계가 있다. 어떻게든 그 사람 마음에 들기 위해 안간힘을 다하고 어떻게든 그 사람 마음을 돌리기 위해 별짓을 다 해도 늘 그대로인 관계. 요즘은 그런 관계를 이어가면 굳이 혼자 고민하고 애쓸 필요가 없다 느낀다. 때문에 가차 없이 인연을 끊기도 하고 냉정하게 상대를 외면하기도 한다. 좀스러운 내 성격으로는 절대 하지 못할 것 같았던 일들을 이제는 조금씩 할 수 있게 됐다.

 그 말은 내가 애쓰는 관계가 나아지지 않으면 더이상 배려하지 않는다는 거겠다. 늘 상처에 쓰라리고 처량함에 눈물 훔치는 역할은 이제 그만할 때도 됐다.

삶에 치이고 감정에 지칠 때 내게도
나를 다독여줄 수 있는 무언가가 있었으면 좋겠다.
존재하지 않았던 것이 생겼으면 좋겠고 혼자라는
외로움에 상실하지 않았으면 좋겠다.

낯선 말

 돌이켜보면 우리는 자기 자신을 위한 위로의 말은 꺼려지는 일처럼 어렵게 느끼는데 주변 사람들에겐 이상하리만큼 애를 써가며 위로의 말을 전한다. 너는 충분히 잘하고 있다는 말부터 네가 행복해야 주변 사람들도 웃을 수 있다는 말들을 거리낌 없이 꺼내곤 한다. 하지만 정작 나 자신은 얼마나 잘하고 있으며 얼마나 행복해하고 있는지는 한 번도 생각해본 적 없다. 그래서인지 나를 위한 말은 어딘가 많이 낯부끄러운 일 같다. 그러다 보니 누군가가 내게 건네는 위로의 말이 나를 살아갈 수 있게 만드는 유일한 방법이었다. 그 누군가가 없으면 세상이 곧 무너지기라도 할 듯 불안할 만큼 스스로를 돌볼 줄 모르는 사람이었다.

조금씩 내 곁을 떠나가는 사람들을 보내주면서 생각했다.

'나는 언제쯤 나를 위한 말을 건넬 수 있을까?'

동경의 대상

 코로나19로 인해 직접 식당에 가서 점심을 먹는 대신 회사로 배달을 시키거나 포장을 해오고 있다. 그리고 옹기종기 모여 먹던 예전과 달리 지금은 당분간 각자 자리에서 밥을 먹어야 한다. 오늘은 이사님이 직원들 도시락을 싸 오셨다. 어느 회사 상사가 직원을 생각하는 마음으로 도시락을 싸 올 수 있을까? 그것도 13명이나 되는 적지 않은 양을. 하지만 어떤 누군가는 그 쉽지 않은 것을 하기 위해 새벽같이 일어나 분주한 아침을 맞이한다.

 나는 새로 입사한 회사에서 많은 것을 배우고 있다. 업무적인 것도 있지만 사람을 대하는 태도에 대해서도 많이 배우고 있다. 오늘처럼 이사님이 직원들을 위해 시간과 돈을 투자해 도시락을 싸 오셨을 때도 그렇고 회사 대표님이 좀처럼 구하기 힘든 마스크를 힘겹게 구해 대구 거래처로 보내주실 때도 그랬다. 이렇게 힘들 때일수록 서로 도우며 살아야 한다는 말을 들었을 때, 마음 안에서 무언가가 요동치는 기분이었다. 내겐 좀처럼 보기 드문 일이라서.

항상 정상에 서서 본보기가 되어주는 상사가 있다는 건 나를 순백한 사람으로 만들어 주는 일이다. 밑에 있는 직원들이 성실할 수 있고 불평불만 하나 하지 않는 이유가 바로 그것이다. 아랫사람에게 본보기가 되어주는 것만큼 멋진 교훈도 없을 것이다.

마스크를 구하기가 어려운지라 재활용하는 사람이 많아졌는데, 그 와중에도 나와 아빠는 대표님께서 나누어주신 마스크 덕에 마스크를 재활용하지 않고 쓸 수 있었다. 회사에 남아있던 소량의 마스크는 희망적이었다. 일부는 직원들에게 또 일부는 대구 거래처로 나누어졌다. 각자 알아서 잘 챙기라는 말이 아니라, 내가 너희를 안 챙기면 누가 챙기느냐는 말을 들었을 때 마음 한 귀퉁이에서 애사심이 솟구쳐 올랐다.

예전부터 직장에서는 크게 감정 이입을 안 하는 편이었다. 업무적인 일 외엔 사적인 대화가 많이 오고 가지 않기 때문이다. 하지만 꼭 사적인 대화를 해야만 감정을 가지고 사람을 대할 수 있는 게 아니라는 걸 알게 되었다. 아주 작은 배려와 마음만 있으면 언제든 가까운 사이처럼 끈끈한 마음을 가질 수 있다.

만일 어떤 사람이 되고 싶다 꿈꾸게 된다면 꼭 대표님 같은 사람이 되고 싶다. 가진 게 많든 가진 게 적든 자신의 것을 누군가에게 나눔으로서 조금이나마 도움이 될 수 있는 그런 다정한 어른이 되고 싶다.

다정한 무언가

 이따금씩 인생이 무지막지하게 크고 두꺼운 벽 앞에 서 있는 것 같은 느낌이다. 뚫고 지나가느냐, 아니면 먼 곳을 돌고 돌아 벽이 없는 길을 찾느냐를 두고 일상처럼 갈등을 늘 반복한다. 때로는 갈등을 해소해 벽을 뚫고 지나가기도 하고, 돌고 돌아 길을 찾기도 하는데 우리가 반복하는 이 행위는 갈등 해소 능력을 자연스럽게 성장시키는 것 같다. 하지만 다른 유형의 사람도 있다. 늘 같은 선택을 해서 계속 부딪히거나 계속 도망치는 사람이 있다. 나는 그렇게 물렁물렁한 사람을 마주하면 이 사람은 어떻게 살았구나. 그래서 이렇게 물렁물렁한 성격을 가졌구나. 감히 지레짐작할 수 있었다.

 어느 티브이 프로그램에서 사람의 본성은 누구나 착

하다 혹은 나쁘다를 두고 토론하는 것을 보았다. 나는 사람의 본성은 누구나 다 착하게 시작된다고 본다. 애초부터 착한 것과 나쁜 것을 알고 태어나는 것은 아니지만, 우리는 수시로 올바른 일과 하지 말아야 할 일을 배우고 인지하며 자랐다. 그 때문에 사람들은 나쁜 것을 멀리하고 착한 것을 가깝게 하며 살아가는 것이다. 그렇다면 왜 나쁜 사람들은 올바른 교육과 하지 말아야 할 일을 배움에도 불구하고 그런 길에 빠지는 걸까. 그건 아마 우리가 마주한 벽을 지나치는 과정에서 겪는 경험 때문이 아닐까 생각했다.

예를 들어 어떤 시험이나 일을 앞두고 상황이 매끄럽게 진행되지 않을 때, 그로 인해 실패를 경험할 때 긍정적인 생각으로 이를 대처하는 사람이 있는가 하는 반면에 자신을 탓하고 남을 탓하며 현실을 부정하는 사람도 있다. 우리는 그 부정으로 인해 점점 말과 행동이 바뀌곤 한다.

그러니까 어떤 생각을 가지냐에 따라 마음은 언제든 변할 수 있다. 좋은 사람이 나쁜 마음을 가지게 될 수도 있고, 나쁜 사람이 좋은 마음을 가지게 될 수도 있는 것처럼. 사람은 쉽게 변하지 않을지 몰라도 사람 마음은 참 쉽게 변하는 것 같다. 만일 우리가 인생을 대하는 태도를 바꾼다면 자연스레 말과 행동에도 다정한 무언가가 생겨날 것이다.

연차

 입사하고 4개월이 되어가도록 연차 한 번 쓰지 못했다. 아니, 말하자면 안 썼다가 맞겠다. 처음엔 눈치가 보여 쓰지 못했고 그러다 슬슬 내게 주어지는 업무가 많아지다 보니 책임감 때문에 쓰지 않았다. 아무도 내가 책임감 때문에 일을 쉬지 않았을 거란 생각은 안 하겠지만, 그렇다고 누가 알아주길 바라는 마음도 아니다.

 스무 번 정도 고민하다 연차를 쓰기로 마음먹었다. 금요일은 업무가 그나마 적은 편이니 문제가 없겠거니 싶었다. 내일은 당당하게 결재를 맡을 거고 홀가분하게 퇴근을 할 거다.

갑과 을

 나는 항상 사람 눈치는 보지 말아야지 생각하면서도 사소한 것 하나하나 너무 많은 눈치를 본다. 그게 얼마나 심했으면 친한 친구들마저 내게 병이라고 말하곤 했다. 눈치를 안 보면 도대체 어떻게 살지? 떳떳함인가? 아니면 뻔뻔함인가? 아니면 당당함? 나는 그런 감정을 자주 느껴보지 못해서 항상 이렇게 주눅이 들어있고 소심한 채로 사는 걸까? 사회가 내게 주는 건 그저 '눈치 있게 행동해라' 이것 하나뿐인데.

 오늘은 회사에서 말도 안 나올 정도로 힘든 일이 있었다. 고객에게 을이 되는 처지란 항상 모든 걸 다 들어주고 이해해주고 타일러주어야 하지만 간혹 그 이성의 끈을 놓아버리게 만드는 갑이 있다. 끝내 꾹 참고 참았던 것들이 마구마구 쏟아져 나왔다. 눈치만 보면서 살았던 내게도 을이라는 입장으로 각인되어 있던 내게도 대꾸할 권리 같은 게 생기는 순간이었다. 결코, 내 행동이 올바른 행동은 아니었을 거다. 그럼에도 회사선임은 그런 나를 다독여줬다. 늘 잘해오던 나에게서 보지 못했던 모습을 본 탓일까? 아니면 동질감 같은 것이었을까? 아무튼, 그게 무엇이 됐든 마음은 한결 편안했다. 누군가를 탓하기 바쁜 세상에도 누군가를 외면하기 일쑤인 세상에도 덥석 손을 잡아주는 다정함이 존재한다는 사실 때문에.

만일 내가 어떤 상황에서 갑이라는 입장이 된다면 결단코 오늘 내게 갑질한 그 사람처럼은 되지 말아야지 다짐했다. 비록 눈치 보기 바쁜 삶이지만 나는 반드시 반듯한 어른으로 반듯한 마음가짐으로 살아가야지.

라디오 사연

 퇴근길에 라디오에서 이런 사연이 나오더군요. 직장 선임 중 말 많고 불만 많은 선임이 한 명 있는데, 그 사람과는 웬만하면 가까이하고 싶지 않다고. 그래서 자기를 찾거나 부르면 일부러 바쁜 척하기도 하고 못 들은 척하기도 했다고. 그렇게 벽을 쌓고 지내다 그 빈도가 점점 잦아지니 스스로 잘못된 거구나 깨닫기 시작했다네요. 그 후로 마음을 조금씩 열기 시작했는데 마음을 열고 마주하니 그 사람은 그다지 말이 많은 편도 아니었고 불만이 많은 편도 아니었다고 해요. 이것은 온전히 그 사람의 문제가 아니라 처음부터 벽을 두고 판단한 자신의 문제라고 생각했답니다. 본디 마음이라는 게 문을 닫고 벽을 쌓은 채 보게 되면 좋지 않은 것만 골라서 보게 됩니다. 우리 주변에도 내게 큰 실수를 하지 않았는데 보기만 해도 눈살 찌푸리게 만드는 사람이 한두 명쯤은 있지 않습니까. 만일 그런 사람이 있다면 부디 너그러이 마음의 문을 열고 바라보면 어떨까요. 내내 쌓아두었던 마음의 벽을 허물고 상대방과 대화를 시도해보면 어떨까요. 그러다 보면 마음으로 불만을 삼키는 일도 괜스레 눈살을 찌푸릴 일도 없어질 겁니다.

당신은 아니길 바라

어릴 적엔 잘하는 게 있으면 어떻게든 남들에게 과시하곤 했는데 수년이 지난 지금은 잘하는 게 있으면 어떻게든 남들에게 도움이 되고 싶어 노력하게 되더라고요. 삶은 결국 과시하고 뽐내는 게 아니라 배려하고 베풀면서 만들어지더라고요. 늦게나마 알게 됐지만 조금 더 일찍 알았더라면 내 삶이 조금은 더 많은 것들로 채워져 있을지도 모르겠단 생각이 들었습니다.

나는 비록 늦게 시작했지만, 부디 당신은 늦지 않길 바라는 마음입니다.

이기적인 사람

 누군가는 주말이 오면 해가 다 떠오를 때까지 잠을 청하고 누군가는 밀린 드라마를 몰아 보기도 한다. 하지만 나라는 사람은 도통 집에 가만히 있지를 못한다. 딱히 맞춰 둔 알람도 없는데 일곱 시만 되면 눈이 번쩍 떠지고 평일에는 '오 분만 더'라는 게으름으로 눈꺼풀을 다시 덮었는데 이상하게도 주말만 되면 일찍 일어나도 게으름을 피우지 않는다. 참 이상한 일이다. 오늘 하루가 나에게 피로감을 주지 않는다는 걸 알기 때문일까.

 이른 아침의 기지개는 샤워 후 찬 바람에 맞닿는 것만큼이나 개운하다. 일찍 일어나도 마땅히 할 일이 없기에 가만히 누워 여유를 즐긴다. 누군가처럼 잠을 더

보충하기보다는 평일에 누리지 못했던 여유를 누리며 잠시 자유를 만끽한다. 하지만 나에겐 이것도 아주 잠시다. 한두 시간만 지나면 이 또한 지루함으로 금세 변해버린다. 나는 여유라는 사치를 그만두고 나와 만나줄 사람을 찾기 시작한다. 이른 아침이지만 항상 깨어있는 사람은 정해져 있어서 버릇처럼 그 사람에게 전화를 건다.

"뭐해?"하고 물으면 "아침부터 또 왜!"라며 귀찮은 티를 내지만 나는 굴하지 않고 오늘이 주말이라는 것을 강조한다. "아니 밖에 날씨도 좋은데 집에만 있기 너무 아깝잖아. 나가야지!"

아마 그 사람은 매번 전화를 받아주면서도 속으로는 나를 이기적인 사람이라고 생각했을 것이다. 도대체 왜 항상 자기한테만 전화를 거는 거냐고 짜증을 내지만 그마저도 좋다. 귀찮다면서도 늘 전화를 받아주는 당신이 좋다. 조금은 짜증 섞인 목소리지만 나가서 뭐 할 거냐고 되묻는 당신이 고맙다. 그러니까 그런 당신 앞에서 이기적인 사람이 되어도 좋다.

사람 마음은 참 이상해

사람 마음은 참 이상해.
집에 누워있을 때만 해도 기운 하나 없고
괜히 골머리가 아프기까지 했는데
밖에 나와 딸기 몇 조각 먹고
마카롱 하나 뚝딱하니 언제 그랬냐는 듯
싱글벙글하잖아.

나는 단지 달고 맛있는 음식을 먹어서
다시 기분이 좋아진 줄로만 알았는데
다 먹고 나와 공원도 한 바퀴 돌고

흩날리는 벚꽃 잎에
얼굴을 직격타로 맞아도 보고
그 모습이 웃기다며 서로 깔깔대기도 하고
네 딸기 스무디가 맛있냐
내 망고 주스가 더 맛있냐
서로 내 것이 더 맛있다며 놀려도 보고.

아마 나는 이런 소소한 하루가
필요했던 건가 봐.
홀로 누워있는 방 안이 아니라
누군가와 별것 아닌 일로
투덜대고 깔깔대는 이 사소한 일들이
간절했던 건가 봐.

이토록 사소한데
마음은 요동치더라.

하루를 견디는 게 사명처럼 느껴질 때가 있다. 마치 꼭 해야 할 일처럼. 무언가를 하지 않으면 안 되는 것처럼. 돌아보면 그리 나쁘지도 않았던 하루인데 구태여 불안해하지 않아도 됐을 하루인데 그땐 무엇이 그리도 어려웠는지 한 걸음 나아가는 게 왜 그리도 두려웠는지 모르겠다.

3장

사랑을 알려준 무언가에게

서로를 위한다는 말은 사랑을 위한 이해나 배려이기도 하지만
이별에 앞서 각자의 걸음을 응원한다는 쓰라린 말이 되기도 했다.

사랑을 알려준 너에게

 기나긴 하루를 보낸 후에는 꼭 너를 만나곤 했지. 그 길고 고단했던 하루를 예쁘게 포장해 주는 너, 어쩌면 이 시간을 기다리느라 하루가 더 길게 느껴진 걸지도 몰라. 만일 내 하루에 네가 없었다면 나는 고단함에 더욱더 지쳐갔겠지. 그래서 나는 너의 존재를 늘 소중하게 생각해. 때로는 다투고 서로를 미워할 때도 있지만 그보다 우리가 웃고 행복해하는 날들이 더 많기 때문에 나는 늘 너에게 고마움을 느껴. 사랑을 알려준 너에게. 하루를 예쁘게 포장해 준 너에게.

당신은 여전히

　보살핌이라는 다정함이 필요한 사람이 있는 반면에, 보살핌이라는 다정함을 불필요하게 생각하는 사람도 있다. 나는 그 보살핌이 인생에 전부라 생각하는 사람 중 한 명이기 때문에, 사람이라면 누구나 보살핌이 필요하다 느낀다. 내가 아플 때나 내가 다쳤을 때, 내가 힘들 때나 내가 슬플 때 난무하는 외로움과 고독 속에서 나를 꺼내 줄 다정한 말과 손길은 분명 필요하다.

　나는 이토록 다정함을 필요로 하는 사람이었고, 필요로 하는 사람들에게는 기꺼이 나누어주기로 했다. 내가 받았던 좋은 기억을 누군가에게도 전해준다면 상대방 역시 좋은 기억이 남을 거라는 확신이 들었기 때문이었다.

과거의 내게는 다정함을 나누고 싶은 소중한 사람이 있었다. 그 사람은 나와 달리 보살핌이라는 다정함을 필요로 하지 않는 사람이었다. 처음 만났을 때부터 아니, 몇 번의 대화를 거친 후부터 이 사람의 성향이나 생각이 어떤지 조금은 알 수 있었다. 나는 다정함이 필요한 사람이었고, 상대방은 필요로 하지 않는다는 것을 직감적으로 알 수 있었던 것이다.

그때 이 사람과 무슨 일이 있어도 엮이지 않아야겠다는 다짐을 했다. 사랑에 빠지거나 소중히 여기게 되는 사람으로 생각되지 않게.

성향이 다르다는 이유 하나로 사람을 멀리하며 달아나는 비열한 사람이 될지언정, 나와 다른 사람을 만나 사랑하다 홀로 외로움에 메말라갈 모습을 생각하면 애초부터 비열한 사람으로 남아있는 게 훨씬 더 나은 편이겠다고 생각했다. 더는 나와 맞지 않는 사람과 사랑하다 이별하는 것을 반복하고 싶지 않았다.

어떤 연인은 데칼코마니처럼 서로를 쏙 빼닮아 잘 맞고, 어떤 연인은 누가 봐도 판이할 정도로 달라 잘 안 맞는 구석이 있다. 나와 이 사람이 딱 그랬다. 달라도 너무 다른 성향을 가지고 있어 서로에게 피해는 주지 않지만 불편한 사이. 사랑하고 싶은 사람은 아니었던 그런 사이 말이다.

그럼에도 사람은 참 간사해서 하지 말아야 할 것을 하고 몰라도 되는 것을 알기 위해 애를 쓴다. 다짐과는 다르게 나와 정반대인 사람에게 끌리게 되고 저리 가라며 손짓하면서도 못내 내게 와주길 바라는 것이다. 애초부터 나와 다른 성향을 가진 사람을 만난다는 건 내가 상처받고 아파해도 괜찮다는 다짐에서 생겨난 확신이지만, 막상 그 상처와 아픔을 경험하고 나면 이유 모를 후회만이 나를 가득 채운다. 그래서 처음부터 시작하지 않으려고 했던 일들이 결국 내 마음대로 이뤄지지 않고 시작돼버린 거다.

사랑과 보살핌이 절실하게 필요한 나로서는 도무지 감당해내기 어려운 사람이었다. 물을 주지 않으면 땅을 뚫고 나올 수 없는 새싹처럼 그리하여 피어날 수 없는 꽃처럼 결국엔 메마른 감정만이 마음에 자리하고 있었다. 이미 상처받을 것을 다 알고 만난 사람이지만 그래도 내가 생각하는 무언가를 스스로 알아채고 보듬어주길 바라는 마음은 여전했다.

뻔한 결말처럼 우린 결국 헤어졌다. 아무리 알고 만났다지만, 다 이해한다고는 생각했지만 진심은 그렇지 못했다. 계속해서 기대하고 바라는 마음이 커져 '혹시라도 내가 노력하는 모습을 본다면 이 사람도 변할 수 있지 않을까' 하는 희망을 계속 가지게 되었다. 그러나 세 살 버릇 여든까지 간다고. 그 사람이 살아온 방식을 내 생각대로 바꿀 수는 없었다. 아무리 마음이 통한다고 할지라도 쉽게 바뀌지 않는 것들이 있다. 누군가는 성격일 테고 누군가는 버릇일 테고 누군가는 입맛일 테고 누군가는 행동일 것이다.

소중한 사람과 연을 맺고 끊은 후부터 다정함에 대해 다시금 생각하게 됐다. 끊임없이 사랑하고 끊임없이 아껴주어도 충족되지 않는 사랑이 있다는 것에 내가 생각하는 다정함이란 오롯이 나만을 위한 것이 아닐까 하는 의문이 들었다.

그럼에도 불구하고 나는 간사한 사람이라 이토록 끝없는 갈등과 외로움 속에서도 언제 그랬냐는 듯 새로운 사람을 만나면 한없이 다정한 사람으로 변해버리고 만다. 좌절을 겪었으면 마음이 꺾일 법도 한데 사랑이라는 감정이 생겨나면 모든 다짐과 기억이 사라져버린다.

분노, 증오, 좌절 이 나쁜 생각들을 가지게 만드는 것도 사랑이지만 반대로 비워지게 만드는 것도 결국 사랑이었다.

다정함은 애초부터 가질 수 있는 것도 그렇다고 버릴 수 있는 것도 아니었다. 그저 사랑하는 사람 앞에서 나오는 당연한 감정일 뿐, 내가 그 감정을 하느냐 마느냐 생각하고 결정할 수 있는 게 아니었다.

누구나 한 번쯤 빛나는 인연을 만나 세상의 아름다움을 보고 느낀다. 그리하여 세상 안에서 더 광대하게 빛나고 변화하고 성장해나간다. 비록 인연의 끝맺음은 우리에게 아프고 쓰라린 상처를 남기곤 하지만 실은 그 과정을 지나면서 더욱 성숙한 사람이 되기도 하고 아픔을 견뎌낼 면역을 키우기도 한다. 사람은 결코 큰 상처를 받았다고 해서 다른 사람에게 똑같은 상처를 주거나 더 간악한 마음으로 다가가려 하지 않는다. 적어도 내가 받았던 상처의 아픈 쓰라림을 아는 사람이라면, 다른 사람에게만큼은 상처 주지 않기 위해 더 애쓰고 노력한다. 사랑이 그렇다.

마음의 오차

어제는 네게 하지 말아야 할 투정을 부렸다. 내가 혼자 있다는 이유로 외롭다는 이유로 너의 시간을 빼앗고 방해했다. 나는 이토록 외로운 시간을 보내는데 너는 나의 외로움을 도무지 신경 쓰지 않는 것 같아 모난 말들이 튀어나오고 말았다. 잘못은 내가 하고 있으면서도 마치 모든 게 다 너의 잘못이라는 듯 말을 뱉은 게 오늘이 돼서야 미안하게 느껴졌다.

너는 항상 나의 투정을 받아줬다. 때문에 난 언제부터인가 나의 투정을 인식 못 하고 그냥 일종의 애정표현이라고 생각하게 됐다. 늘 말을 뱉기 전에 생각을 거쳐야 하는데 신경이 날카로워질 때면 괜히 마음 가는 대로 말을 꺼냈다. 나는 이런 행동이 너에게 얼마나 큰 상처를 주는지 잘 몰랐다.

다툼의 정적이 길어지면서 나를 돌아봤다.

내가 너에게 뱉은 그 말을 다시 주워 담으면서 그제야 내가 뱉은 말들이 날카롭고 뾰족하다는 걸 느낀 것이다. 너는 매번 가시 같은 말에 박혀 아파했으면서도 내색 한 번 하지 않았다. 도대체 왜 아프다는 말을 하지 않았냐며 나는 다시 한 번 너를 다그쳤지만 너는 아무 말이 없었다.

잠들기 직전, 너에게 잘 자란 인사를 건네기 전에 어제 일에 대해 미안하게 생각하고 있다고 말했다. 근데 되레 네가 사과를 했다. 내가 투정 부릴 때마다 외롭게 만든 게 자기 잘못인 것 같아 오히려 미안하다고 했다. 채워주고 싶은데 채우는 방법을 잘 몰라서 늘 서툰 자신이 밉다고 했다. 그 말을 듣는 순간 마음이 찢어질 것처럼 아팠다. 도대체 내가 너를 얼마나 몰아세운 걸까. 내 작은 욕심이 너를 얼마나 괴롭게 만들고 있었던 걸까. 혼자 아파했을 너를 상상하니 가슴이 찢어지게 아팠다.

그렇게 서로를 몇 번이고 다독인 후에야 상황이 정리됐다. 어쩌면 너의 잘못도 있고 나의 잘못도 있을 테지만 우리가 서로의 잘잘못을 따져가면서까지 사랑을 어지럽힐 이유는 없었다.

나의 '조금만 더'라는 아주 작고 사소한 욕심 때문에 서로 상처를 받고 말았다.

그 때문인지 좀처럼 잠이 오질 않았다. 되레 미안해하는 너를 생각하니 마음이 영 불편했다. 사랑은 서로를 채우기 위한 마음이지 나를 채우자고 하는 마음이 아닌데 그걸 너무나도 잘 아는 내가 자꾸만 마음에 오차를 만들어 속상했다.

자꾸만 사랑을 갈구하는 기분이 든다. 네가 나를 좋아하는 것은 명백하나 어김없이 그 마음을 보고 들어야만 이내 안심이 됐다.
나는 늘 네 마음이 궁금하다.

사랑이 두렵다

 나는 내가 누군가에게 좋은 사람이 되기엔 한참 부족한 사람인 걸 알고 있다. 그 사람이 나를 생각하는 마음을 충분히 헤아릴 수 있음에도 내 충족에 미치지 못하면 이해가 아닌 오해로 일삼고 만다. 때로는 내가 누군가에게 이런저런 일로 대화를 이어가다 불만을 표출하는 것이 황당하게 느껴질 때도 있다. 나 역시 상대에게 그만한 사람이 되어주질 못했음에도 당장 내 기분에 맞춰주지 않는 상대를 탓하고 있었기 때문이다. 애초부터 이기적인 마음에서 생겨난 건 아니다. 그저 누군가를 사랑하거나 과한 애정을 받고 싶어질 때면 마음을 주체하지 못하곤 했다. 조금은 물러날 줄도 알아야 하고 참고 기다릴 줄도 알아야 했는데 나는 그 기다림을 잠시도 참지 못했다. 그 덕에 나의 관계는 늘 초라하게 끝났다. 상대가 나를 더 많이 사랑해서 만난 관계라도 같은 결과였다.

　나는 완만하지 못했고 부드럽지 못했다. 사랑하면 자연스레 이해심이 넓어지고 모든 면에서 너그러워질 줄 알았는데 오히려 상대에게 이해를 바라고 있었고 너그럽게 대해주길 원하고 있었다. 사랑에 빠지는 건 분명 행복한 일이다. 하지만 깊숙이 빠지게 되면 스스로 빠져나올 수 없게 된다. 내가 내 마음을 주체하지 못할 때면 문득 사랑이 두렵다는 생각이 든다.

인연

 인연을 만나는 게 어렵다고들 하지만 우리는 이미 많은 인연을 곁에 두었습니다. 그렇게 어려운 것을 해내었고 지금도 잘 흘러가고 있습니다. 만일 인연이 되지 못한 사람이 있어 마음 졸이고 있다면 차분히 다음 인연을 기다렸으면 합니다. 대체로 관계라는 것은 일방적으로 이어갈 수 없을뿐더러 사소한 것 하나하나 타협으로 풀어가야 할 숙제 같은 것입니다. 정해진 답이 없어 더욱 어려운 것이지요. 그 누구도 인연을 만날 때 서로에 대한 답을 알려주지 않습니다. 그저 차근차근 알아가고 이해하는 것이지요.

 빗나간 인연은 아마 그럴 겁니다. 알아가는 과정에서 삐걱대거나 서로를 이해하지 못하는 부분들이 충돌

하면서 어긋난 것이지요. 굳이 어긋난 것을 억지로 끼워 맞출 필요가 있을까요. 아니요. 그러지 않았으면 합니다. 본디 스스로 이해하지 못한 문제는 다시 풀지 못하는 것처럼, 억지로 끼워 맞춘 관계 또한 언제든 다시 어긋나기 마련일 겁니다.

서러웠던 순간

오늘은 너와 조금 다투고 마음이 많이 상해서 친구한테 살짝 하소연했는데 친구가 나한테 그러더라.

"네가 문제인 걸까 아니면 그 사람이 문제인 걸까?"

사실 내가 듣고 싶은 말은 누구의 잘잘못을 따지기 위한 말이 아니라 적당히 내 말에 공감해주고 미운 너를 적당히 탓해주길 바랐는데 오히려 예상 밖의 말을 듣고는 모든 관계의 엇갈림이 한 사람만의 문제가 아니라 같이 만들어낸다는 걸 깨닫게 됐지 뭐야. 그 사실을 알게 되니 미웠던 마음이 사르르 녹아 다 흘러가 버리더라. 무작정 너를 탓하고 미워할 게 아니라 내가 어떤 실수를 했는지 내가 너에게 어떤 기분 상할 말을 건넸는지 먼저 생각했다면 지금쯤 나는 친구에게 하소연하기보단 너에게 먼저 미안하단 말을 건넸겠지.

행복은 늘 둘이서 만든다고 생각했는데 어째서 다툼은 늘 네가 만든다고 생각했을까. 아무것도 모르고 미안해하고 있을 너에게 내가 정말 미안한 밤이야.
정말 미안해.

당신은 아니길 바라

 기억은 잘 안 나는데 그 사람은 나한테 여러 번 자신을 봐달라고 말했던 것 같아. 그땐 내가 그 말을 이해할 수 없었던 게, 나는 분명 그 사람을 보고 있다고 느꼈거든. 충분히 아껴주고 충분히 사랑해주고 있다고 생각했거든. 그래서 그 사람이 요구하는 게 내가 느끼는 것 그 이상이라면 도저히 불가능한 일이라고 생각했거든. 그런데 시간이 지나고 내가 그 사람 입장이 되어보니 뭔지 알겠더라고.

 내가 그 사람을 볼 때 선명하지 못했던 거, 그 사람이 사랑한다고 말할 때 너무나도 무덤덤했던 거. 만남의 시간만큼이나 편안하고 당연해진 관계 속에서 흐트러진 모습을 당연히 난 볼 수 없었고 넌 또렷하게 보고 있었던 거지.

못 먹는 음식

 사람마다 못 먹는 음식 하나쯤은 있다. 나는 어릴 적부터 회를 못 먹었다. 더 깊이 들어가 말하자면 안 먹은 게 맞다. 내가 얼마나 고집을 부리며 회를 안 먹었냐면, 가족 여행으로 바다에 가게 됐는데 하필이면 항구 비슷한 곳을 갔다. 바다로 여행을 가면 항구든 바닷가 근처든 그곳에서 먹을 수 있는 음식을 먹는 게 당연한 일일이지만, 바다는 나에겐 '하필이면 왜 이곳일까.' 생각하게 되는 그런 장소일 뿐이었다.

 아빠는 회를 좋아하는 편은 아니지만 그래도 소주 한잔 마시면서 즐기는 편이었고 반대로 엄마는 소주 한잔은 안 마시더라도 회는 무조건 좋아하는 편이었다. 내가 그 어중간함 속에 태어나 그런지 회는 입에도 대지 않았다. 아빠는 그런 내 모습을 보면서 놀리고 싶었던 건지 아니면 답답한 마음이 들었던 건지 회 몇 점을 먹으면 핸드폰을 사주겠다며 나를 꼬드겼다. 그때가 아마 초등학교 5학년 때였는데 그 당시 가장 좋은 핸드폰을 사주겠다고 했던 기억이 난다. 당시에 낡아서 당장이라도 부러질 것 같은 폴더폰을 쓰고 있었던지라 바로 회를 집어삼키고 싶었지만, 도저히 엄두가 나질 않았다.

가게 입구에는 횟집 아저씨가 펄떡이는 물고기를 거침없이 꺼내 들어 순식간에 배를 가르고 내장을 꺼낸다. 누군가는 그 모습에 군침을 삼키고 나는 그 옆에서 비명을 삼킨다. 지금 내 눈앞에는 좀 전까지 살아 움직이던 물고기가 있다. 그 모습을 잠시 잊고 미친 척 몇 점 먹었으면 다음 날 최신형 핸드폰을 들고 학교에 갈 수 있었을 텐데 결국 그러지 못했다. 만일 지금의 내가 그때로 다시 돌아간다고 하더라도 아마 먹지 않았을 거다.

어른이 된 지금은 회를 즐기진 않지만 몇 점 먹을 정도는 된다. 처음 회를 먹은 게 스물다섯 살쯤. 회사 사람들과 이자카야를 가게 됐는데 뭘 먹으면 좋을까 고민하는 사이 다른 사람들은 그 많고 많은 안주 중 하필이면 모둠회, 모둠 초밥을 시켰다. 물론 내가 회를 못 먹는다는 사실을 다들 알고 있는지라 다른 안주도 시켜주었지만 나를 제외한 모든 사람이 회를 맛있게 집어삼키는 모습이 내심 부러우면서도 못마땅했다. 속으로 '한 번 먹어볼까?' 한참 고민하던 찰나 회사 사람들이 고민하는 내 모습을 보고 '한번 먹어봐라', '한 번 먹으면 못 빠져나와'라고 말하는 게 아닌가. 나는 그 말에 못 이기는 척 제일 작은 회를 집어 들어 입속으로 넣고 곧바로 온갖 인상을 다 찌푸렸다. 미끈거리고 물컹물컹한 식감이 싫었다. 지금껏 살면서 단 한 번도 경험해보지 못한 이상한 느낌이었다. 비싸기는 더럽게 비싼데 그렇다고 또 소고기처럼 맛있지도 않은데 도대체 왜 이렇게 비싼 돈을 내고 아무 맛도 안 나는 회를 먹는 걸까. 나는 그렇게 한참 인상 쓴 채로 물컹거리는 회를 씹어 먹었다.

이후 스물일곱이 되던 해 남자친구가 생겼다. 잘 알고 지내던 동네 오빠인데 자주 만나 수다도 떨고 힘들 땐 서로 고민도 들어주던 원만한 사이였다. 우리는 서로를 더 알기 위해 무언가를 캐내지도, 그렇다고 아예 무관심하지도 않았는데 그 적당함이 좋아서 인연으로 닿았던 것 같다. 아무튼, 그 사람을 만나면서 내가 많이 바뀌었다. 성격도 많이 유해졌고 취미도 많이 생겼고 입맛도 많이 바뀐 것이다. 나는 고기를 좋아하지만, 그 사람은 해산물을 더 좋아했다. 연애하기 전부터 연애하고 난 뒤까지 그 사람은 늘 자신이 좋아하는 걸 뒤로하고 내 입맛, 내 취향, 내 취미를 맞춰줬다.

그는 내게 단 한 번도 해산물을 먹자고 말한 적 없었다. 그렇다고 한번 시도해보는 건 어떻냐고 물어본 적도 없었다. 분명 그 사람도 좋아하는 사람과 자신이 좋아하는 음식을 먹으면서 느끼는 그 행복을 누리고 싶었을 텐데 혼자 꾹 누르고 참아온 듯했다.

그 사람은 원래부터 속마음을 잘 내보이지 않던 사람이다. 연애를 하면 좀 나아지지 않을까 생각했지만 예상과는 달리 연인이 되고 난 뒤로 더 입이 무거워졌다. 그이가 무슨 생각을 하는지 어떤 마음으로 행동하고 있는지 도무지 짐작이 안 갈 때가 많아 속이 답답했다. 차라리 속 시원하게 감정을 말했더라면 내가 덜 미안했을 것 같은데 혼자 꾹 삼킨 채 많은 걸 참았을 걸 생각하니 미치도록 미안한 마음이 밀려 들어왔다.

나는 그 마음이 들면서부터 회를 배우기 위해 노력했다. 친구들을 만나 늘 먹던 고기를 뒤로하고 회를 먹기도 하고 매운탕을 먹기도 했다. 내가 회를 배워서 맛있게 먹고 내가 맛있게 먹어서 그 사람도 행복해하고 서로의 입에 가지런히 쌓아 올린 쌈을 넣어주면서 웃어 보이는 그 모습을 상상하니 그 미끈거리고 물컹물컹했던 회의 식감마저도 이내 부드럽고 달콤하게 느껴졌다.

배려와 사랑은 수십 년을 쌓아둔 벽도 금세 허물어 버릴 만큼 경이로운 감정이다. 그래서 나 역시 그 사람이 쌓아둔 벽을 나로 인해 허물 수 있게끔 만들고 싶다.

사랑을 받는다는 건 내가 시도해보지 못한 것을 하나씩 시도하게 만드는 일이다. 그저 사랑을 받는 것에서 그치는 게 아니라 받은 만큼 더해서 주고 싶어지는 일이다. 못 먹는 음식도 먹게 만드는 일이고 못 보는 공포영화도 눈과 귀를 막아서라도 보게 만드는 일이다. 사랑은 참 경이로운 행복이다.

어떻게 너였을까

 그 많고 많은 사람 중 '왜 하필 너였을까'가 아니라 그 많고 많은 사람 중 '어떻게 너였을까'라고 생각하니 네가 더 소중하고 특별하게 느껴지더라. 나에게 '하필'이 아닌 '어떻게'인 인연이 되어줘서 고마워.

다정한 연인이 되는 상상

 다정한 연인이 되는 상상을 한 적이 있습니다. 마음이 항상 앞서 하루빨리 좋은 사람을 만나 좋은 사람이 되어주고 싶었죠. 어느 장기 하나를 떼어줄 만큼은 아니었지만, 그 외 다른 무언가를 감내할 만큼 힘껏 사랑할 준비는 언제나 되어있었습니다. 그러다 좋은 사람을 만나게 되었고 가끔은 우리가 운명이 아닐까 하는 생각도 들었습니다. 운이 좋게도 나를 더 많이 사랑해주는 사람을 만나게 되었는데 어느새 내가 상대를 더 많이 사랑하게 됐습니다. 그러다 보니 좋은 사람이 되겠다는 다짐은 점점 흐릿해지고 사랑이 짙어진 이유 하나로 상대방에게 집착 아닌 집착을 부리기도 하고 투정 아닌 투정도 부리기 시작했습니다. 보여주기 싫었던 꼭꼭 숨

겨두고 싶었던 나의 단점들이 사랑 앞에서 자꾸만 튀어나오고 말았죠. 그 사람은 졸지에 투정쟁이가 된 나의 모난 모습마저도 사랑해주는 미련한 사람이었습니다. 하지만 나의 모든 것을 다 이해해준다고 해서 늘 그렇게 행동해도 된다고 생각하진 않았습니다.

 정신을 바짝 차리고 보니 굳이 그 사람에게 사랑을 갈구할 필요도, 그렇다고 사랑에 메말라갈 필요도 없더군요. 이미 그 사람은 나를 있는 힘껏 사랑해주고 있었으니까요. 웬만하면 이 다정한 사랑을 방해하는 감정을 가차 없이 밀리하고 싶었습니다. 마음처럼 생각처럼 쉽게 이뤄지진 않겠지만 그 사람이 나를 이해해 준 만큼 나도 그 사람을 다정하게 있는 힘껏 사랑해주고 싶었습니다.

가끔은 전부를 내보이지 않아도 다 보여질 때가 있어.
그럼 누군가는 그 마음을 보고 안부를 전할 테고
누군가는 모른 채 지나치겠지. 우리는 그런 사람을
만나야 해. 보이지 않은 것을 들여다보고 아는 체해주는.
내 전부를 내보이며 애쓰지 않아도 되는. 그런 사람을.

나의 그늘

 아침에 눈을 뜨면 잘 잤냐는 인사를 건넬 사람이 있다는 것. 힘든 하루 끝에 내 투정을 받아 줄 사람이 있다는 것. 모든 사람이 나를 부정할 때 당신만은 나를 유일하게 긍정한다는 것. 내가 충분히 살아갈 이유를 만들어 주는 사람이 당신이라는 것.

사랑을 알려준 무언가에게

책을 펼치면 도로 접지 못 하는 마음처럼 우리 사랑도 번역하고 싶을 만큼 아름다운 단어들로 빼곡하게 채워가요. 도로 접고 싶지 않게 좋아하는 페이지로 가득하게.

얼마나 외로운 일인지

나는 항상 당신 위주로 살았던 사람입니다. 당신이 흘리듯 뱉은 말을 냉큼 주워 담아 기억하는 그런 사람이었죠. 이따금 당신이 내게 권태로워질 때면 말 못 할 불안에 떨어야 했습니다. 세상이 무너지는 상상만큼이나 무서웠죠. 내게 그런 존재인 당신을 두고 시들어가는 애정에 대해 어떠한 말도 어떠한 문제도 내세우지 못했습니다. 그저 묵묵히 당신을 믿고 기다렸죠. 하지만 그런 당신은 나를 혹처럼 생각했는지 속 시원히 떼어내고 떠나버리더군요. 내 침묵과 관심을 단 한 번도 살펴주지 않은 채로.

나는 그런 당신을 사랑했던 만큼 당신이 불행하길 바라고 또 바랐습니다. 부디 언젠가 나와 정반대인 사람을 만나 당신이 매달리고 애원하는 처지가 되길 바랐습니다. 누군가가 곁에서 묵묵히 믿어주고 섬세히 살펴준다는 게 얼마나 외로운 일인지 깨달았으면 했습니다. 받는 사랑보다 외롭고 아픈 주는 사랑으로 힘겨워하고 그때 내 아픔을 깨달았으면 했습니다.

 나도 참 못난 어른입니다.

변덕스러워서

 나는 워낙에 변덕이 심한 사람이라 어제와 오늘의 기분이 늘 달랐다. 어제까지만 해도 복숭아가 좋았는데 오늘은 블루베리가 좋다. 어제까지만 해도 무엇이든 다 할 수 있을 것 같았는데 오늘은 모든 걸 포기하고 싶다. 나는 이렇게 하루에도 몇 번씩 좋아하는 것과 싫어하는 것이 바뀌고 나누어진다. 나 자신과의 관계도 이토록 복잡한데 인간관계의 대립은 오죽할까. 그 무겁고 어둑한 감정의 세계는 아마 더욱더 변덕스럽겠지. 내 하루를 만드는 기분의 변화처럼 우리가 느끼고 경험하는 모든 감정 역시 변덕스럽겠지. 아무도 내 앞날에 대해 알려주지 않고 나 자신마저도 모르는 나를 알 수는 없겠지. 그래서 관계가 어려운 걸지도 모르겠다. 내 기분은 나로 끝나지만 내 감정은 우리로 끝나니까. 그렇게 생각하니 자꾸만 허덕이게 된다. 알고 싶지만, 알 수 없는 답답함에 움츠리게 된다.

마음이 어딘가에
기울이기 나름이라면

 당신과 다툴 때마다 사람은 역시 쉽게 안 변한다 생각하면서도 당신과의 공백이 길어질 때면 변하기 위해 노력하던 당신의 모습이 떠오릅니다. 당신은 몇 번이고 나에게 맞추기 위한 노력과 연습을 했음에도 나는 그런 당신을 보려는 노력조차 하지 않은 게 아닐까 생각하니 변하지 않은 건 당신이 아니라 나였을지도 모르겠다고 생각했습니다. 만일 마음이 어딘가에 기울이기 나름이라면 나는 당신을 탓하기 전에 당신을 먼저 이해하려고 노력했어야 했던 거죠.

당신은 항상 내 심장 아래에 있어 잘 빠지지 않는 부기 같았습니다. 몇 차례 거른 끼니로도 쉽게 가시지 않았던. 좋다는 건 다 해봐도 소용이 없었던.

보통 사람

 실은 우리가 말이 잘 통하는 편도 아니고 그렇다고 생각하는 게 비슷한 것도 아니고 자주 이탈하고 자주 충돌했잖아. 나는 그럴 때마다 우리가 잘 맞지 않아서 그런 걸까 생각했어. 그런데 네가 아니라 다른 사람을 만나도 분명 서로 다른 부분은 있겠더라고. 막상 그렇게 생각하고 나니 우리가 이상한 게 아니더라. 자꾸만 다르다고 생각하면 끝없이 다른 사람이 되는데 대부분 비슷하다고 생각하면 우린 그냥 비슷해서 그런 게 되더라고. 속상하고 서운한 마음이 드는 건 누굴 만나든 생길 수 있는 마음이더라고. 그렇게 생각하니 우린 특별할 것 없는 보통 사람이더라고.

가끔은 영양가 없는 대화를 이어가며 서로의 영역을 침범해보고 싶다. 밋밋하고 싱거운 삶에 적당한 간을 맞춰주면서.

상처받은 사람을 이해한다는 것

 상처는 단단한 흉터가 되어 다른 아픔으로부터 나를 보호하는 역할을 한다. 그래서 아픔은 덜하지만, 누군가에겐 보이고 싶지 않은 비밀 같은 것이다. 나도 흉터가 많은 사람을 만난 적이 있다. 그 사람과는 몇 번의 대화만으로 마음이 선한 사람이라는 걸 짐작할 수 있었다. 하지만 그런 와중에도 어딘가 괜히 강한 척 애쓰는 게 눈에 보였다. 보이고 싶지 않은 비밀을 감추기 위한 수단이었을 것이다. 나는 괜스레 측은한 마음이 들었지만, 그 경계를 함부로 넘지 않기 위해 조심스레 물러섰다. 대개 연하고 말랑한 사람은 아주 작은 충격에도 쉽게 부서지고 흩어진다. 그래서 좋은 사람이었던 사람이 독한 사람이 되려고 하고 착한 사람이었던 사람이 선한 마음을 숨기기도 하는 것이다. 무엇이 이 사람을 이렇게 만들었을까 생각하다가 나도 누군가에게 그런 상처를 줄 수 있는 사람일 수도 있겠다는 생각에 문득 다가가기가 두려워졌다. 내가 느끼기에 자신이 아무리 좋은 사람이어도 상대가 느끼기에 그렇지 못하면 나 역시도 좋은 사람이 아니게 된다. 그래서 관계라는 게 항상 예측할 수 없이 어렵고 아리송한 것이다. 그 때문에 흉터가 많은 사람을 만나면 많은 대화를 나누기가 어렵다. 아무리 단단하다고 해도 다시 부서지지 않는다는 보장이 없고 내가 아무리 좋은 사람이라고 해도 그 사람이 나를 좋은 사람으로 본다는 보장이 없으니까.

  나는 그저 그 사이에서 조금 물러나 있다 먼저 다가와 주길 바라며 조용히 기다리는 사람으로 남을 뿐이다.

긍정과 부정이 오가는 사이에서

 좁혀지지 않는 관계를 생각할 때면 상대방이나 나에게 문제가 있어 그런 건 아닐까 하는 의문이 든다. 그 사람이 나를 바라보는 관점이라든지, 내가 그 사람을 바라보는 관점이라든지 분명 둘 중 한 사람은 좋지 않은 시선으로 상대방을 정탐하고 있을 것이다. 대부분의 관계는 첫인상으로 시작된다는 말이 있다. 그래서 면접을 볼 때나 소개팅을 할 때나 첫인상을 잘 남기라는 말을 종종 듣곤 했다. 나는 상대방이 나에게 안 좋은 인상을 남기고 나면 그 사람이 넉살 좋은 행동을 해도 그다지 좋게 느껴지지 않는다. 오히려 이 사람이 왜 이런 행동을 하는지 알 수 없다고 생각한다. 관계 유지에 중점이 되는 어떠한 행동들을 잘 주시하는 편이지만 남겨지는 인상을 두면 그것을 잘 구분하지 못하는 편이다. 그래서 좁혀지지 않는 관계를 이어갈 때가 종종 있었다. 어쩌면 상대방이 나에게 안 좋은 인상을 남겼다는 핑계거리 하나를 두고 삐뚤어진 내 마음을 숨기려는 이기적인 행동일지도 모른다.

누구나 한 번쯤 경험하는 일이다. 거리를 두지 않으려 해도 어느새 한 걸음 물러나 있는 내 모습을 보는 일. 상대방을 문제로 삼고 나를 올바르게 보는 일. 결코, 삐뚤어진 내 마음이 잘못된 건 아니다. 분명 누구에게나 이러한 사연은 있으니까. 우리는 그 사연을 발판 삼아 삐뚤어진 내 모습을 마주하기도 하고 숨기기도 하니까.

짐작하건대 관계는 긍정과 부정이 오가는 사이에서 몇 번이고 숙련이 필요한 일일 것이다.

시들어 바래진 꽃

  가냘프게 시들어 바래진 꽃을 볼 때면 마치 우리 둘의 모습을 보는 것 같았다. 살짝만 건드려도 잎이 우수수 떨어질 것 같아 항상 조심스레 옮겨야 하고 제 모양을 잃지 않게 최대한 주변 사물을 멀리 두어야 했다. 건들면 바로 부서진다는 걸 알면서도 굳이 곁에 두었던 건 시들지 않았을 때의 모습이 기억에 남아있기 때문이다. 아무리 제 모양을 잃고 향기를 다 잃었어도 나에게 보였던 모습은 그 무엇보다 아름답고 향기로웠으니까. 가냘픈 모습을 하고 있어도 서로 기억하는 모습은 다른 모습일 것이다. 때문에 우리는 만지면 부서질 것처럼 항상 위태로워 서로를 조심스레 대했다.

그것은 우리가 서로 사랑하고 있다는 증거다.
모습이 어떻든 우리의 기억은 달라지지 않으니까 바래진
모습은 믿지 않는다.

좋은 말을 건넨다는 건

좋은 말을 건넨다는 건 내가 생각하는 좋은 단어를 꺼내서 주는 게 아니라 당신에게 가장 알맞은 단어를 꺼내서 주는 것입니다.

나는, 오늘 당신의 하루가 어땠는지 그로 인해 어떤 기분이었는지 헤아려주고 다독여줄 수 있는 좋은 사람이고 싶습니다.

꽃말에 담긴 의미가 사실이라면 당신에게 가장 아름다운 의미를 품고 있는 꽃을 선물하고 싶고 소원을 이루어주는 별이 있다면 당신이 그 의미를 진심으로 알아주길 바란다고 빌 것입니다.

어쩌면 우리가
비슷한 입장이었을지도 모르겠다

 오빠는 웬만하면 쇼핑하면서 걸음을 잘 멈추지 않는다. 그런데 꼭 쥬얼리 샵 앞에만 가면 걸음을 멈춘다. 그러곤 괜히 나한테 필요한 거 없냐고 물어본다. 나는 그럴 때마다 "필요한 거 없어"라고 명확히 의사를 표하는데 오빠는 그 말을 매번 들으면서도 꼬박 꼬박 내게 묻는다.

 언제는 그 이유가 궁금해서 물으니 이렇게 대답했다.

 "네가 귀걸이도 잘 안 하고 머리도 늘 고무줄로 묶으니까 하나 사주고 싶어 그러지."

 오빠는 내가 꾸미는 걸 멀리하는 것처럼 보여 마음에

걸렸나 보다. 난 그냥 편한 게 좋은 건데. 귀걸이를 하면 머리를 넘길 때나 습관처럼 귀를 만질 때 걸리적거려 싫고 예쁘고 좋은 머리끈을 하면 언제 어디서 잃어버릴지 몰라 안 하는 건데. 나는 그 마음을 왜 모르나 싶으면서도 그 마음을 모른 채 혼자 끙끙대는 모습이 순수하고 예쁘게 보였다. 어쩌면 남자친구인 자신 앞에서 잘 꾸미지 않아 서운한 마음이 들어서 그런 걸 수도 있겠지만.

생각해보면 나도 오빠가 불편한 옷을 입을 때마다 편한 후드티를 하나씩 사다 주고 그랬는데 어쩌면 우리의 입장이 비슷했을지도 모르겠다. 아마 각자에게 편안한 것이 있고 굳이 내색하지 않은 것이 있었을 것이다. 그래서 서로가 말하지 않은 것에 대해서는 늘 섣불리 생각하고 판단해선 안 되겠다 싶었다.

언젠가 우리에게 다툼의 소지가 생기면 내가 생각한 입장을 그대로 받아들이지 않고 꼭 오빠에게 먼저 묻고 해결해야겠다. 서로를 챙기는 것만큼 서로를 등지는 일에도 우린 다른 생각일 수 있으니까. 늘 내 생각이 해답은 아니다.

제 인연인 것 같은 사람

 사람은 살면서 운명처럼 딱 제 인연인 것 같은 사람을 만나곤 한다네요. 지금까지 저는 많은 사람을 만나고 많은 대화를 나누며 살았지만, 서로 합이 잘 맞는 사람은 몇 없었습니다. 그 많고 많은 사람 중에서도 각자의 의견이 분분하고 각자의 입장이 많았었죠. 그럼에도 불구하고 우리는 그 의견을 따지거나 의혹을 제기하기보단 수긍하고 침묵할 때가 더욱더 많습니다. 관계라는 것은 대부분 삼키고 누르면서 키워지는데 상대방 의견이 나와 맞지 않더라도 이해하려 노력하고 생각하는 마음만 있다면 그 관계는 나무처럼 커다랗게 자라나 그늘이 되어줄 겁니다.

 가끔은 서로가 이해하려 하다 보니 많은 의견이 딱딱

맞아떨어지곤 하는데요. 그건 정말 운명 같은 만남입니다. 감사하고 또 소중한 인연이지요. 놓칠 수 없는 인연을 곁에 두면 매 순간이 웃음으로 가득 번집니다.

사랑만큼이나 아름다운 사람들이 곁에 있습니다.

삶은 결코 혼자서 살아갈 수 없는 게 분명해. 나는 내가 이 세상에서 가장 불행한 사람일 거라고 그렇게 생각하면서 살아왔는데 자꾸만 나 아닌 다른 누군가를 볼 때면 저 사람이 나보다 더 불행한 사람인 것 같아. 아주 작은 사소한 일에도 아주 보잘것없는 일에도 그 사람이 상처받았을 것 같고 아팠을 것 같아 걱정돼. 그럴 때마다 나는 그나마 괜찮은 삶을 살아가는 사람 같아. 누군가를 달래주고 있다는 것 자체가 이미 난 괜찮은 사람이라고 느끼고 있는 것 같아.

어른이 되지 못하고
어른으로 산다는 것

Epilogue

 애초부터 다정한 어른이라는 건 가질 수 있는 것도 그렇다고 버릴 수 있는 것도 아니었습니다. 누군가를 사랑하게 되면 다정한 어른이 되는 것이고 누군가를 미워하게 되면 냉정한 어른이 되는 걸까요? 저는 이 책을 쓰면서 그동안 다정한 어른이 되지 못한 것이 아닌가 하는 생각을 해왔습니다.

 글쎄, 어른이 된다는 건 사랑으로부터 시작되는 거라네요. 누군가를 만나 얼마나 사랑하게 되는지 또 그 사람을 얼마나 소중하게 생각하는지 그 차이에 따라 미숙한 어른이 되기도 하고 성숙한 어른이 되기도 한다네요. 그래서인지 저는 아직 미숙합니다.

 부모님이라는 그늘 아래에서 늘 보호받길 바라며 지

내왔던 그 시간을 되돌아보니 저에게는 아직 부모님보다 더 소중하고 더 많이 사랑할 수 있는 사람이 없었습니다. 그래서 미처 어른이 되지 못하고 어른이 되었습니다.

만일 누군가를 미치도록 사랑하게 되는 날이 온다면 미치도록 아껴주고 싶은 날이 온다면 그땐 지금처럼 그늘이 아닌 뙤약볕에 서서 하루를 살아가게 되겠지요. 메마르기도 하고 지쳐 쓰러지기도 하겠지요. 그늘의 삶이냐, 뙤약볕의 삶이냐 선택하라 한다면 저는 뙤약볕의 삶을 살고 싶습니다. 누군가로 인해 미치도록 숨 가쁜 삶을 살고 싶습니다.

그게 사랑하는 내 부모님이 나를 위해 택한 삶이었으니까요. 이제는 내가 대신해서 그늘이 되어주고 싶어요. 뙤약볕에서 견디느라 메말랐을 내 부모님에게 그리고 내 눈물을 닦아준 사람들에게.

오늘도 어른의 모습으로 살아가는 당신에게

어른이 되지 못하고 어른으로 산다는 것

초판 1쇄 발행 | 2020년 06월 01일

글　　　　| 박수정(@shy.su)
그림　　　| 방현지(@ba___ang)

펴낸곳　　| Deep&Wide　　　편　집　| 신하영 이현중
발행인　　| 신하영 이현중　　도서기획 | 신하영 이현중

주소　　　| (03971) 서울특별시 마포구 성미산로1길 21 사울빌딩 302호
이메일　　| deepwidethink@naver.com
ISBN　　 | 979-11-968126-4-5

이 도서의 국립중앙도서관 출판예정도서목록(CIP)은 서지정보유통지원시스템(http://seoji.nl.go.kr)과 국가자료종합목록시스템(http://www.nl.go.kr/kolisnet)에서 이용하실 수 있습니다.

ⓒ Deep&Wide, 2020

파본은 구입하신 서점에서 교환해 드립니다.
이 책은 저작권법에 의하여 보호를 받는저작물이므로 무단 전재와 복재를 금합니다.